国鉄・私鉄・JR 廃止駅の不思議と謎

伊原 薫
Kaoru Ihara
栗原 景
Kageri Kurihara

JIPPI Compact

実業之日本社

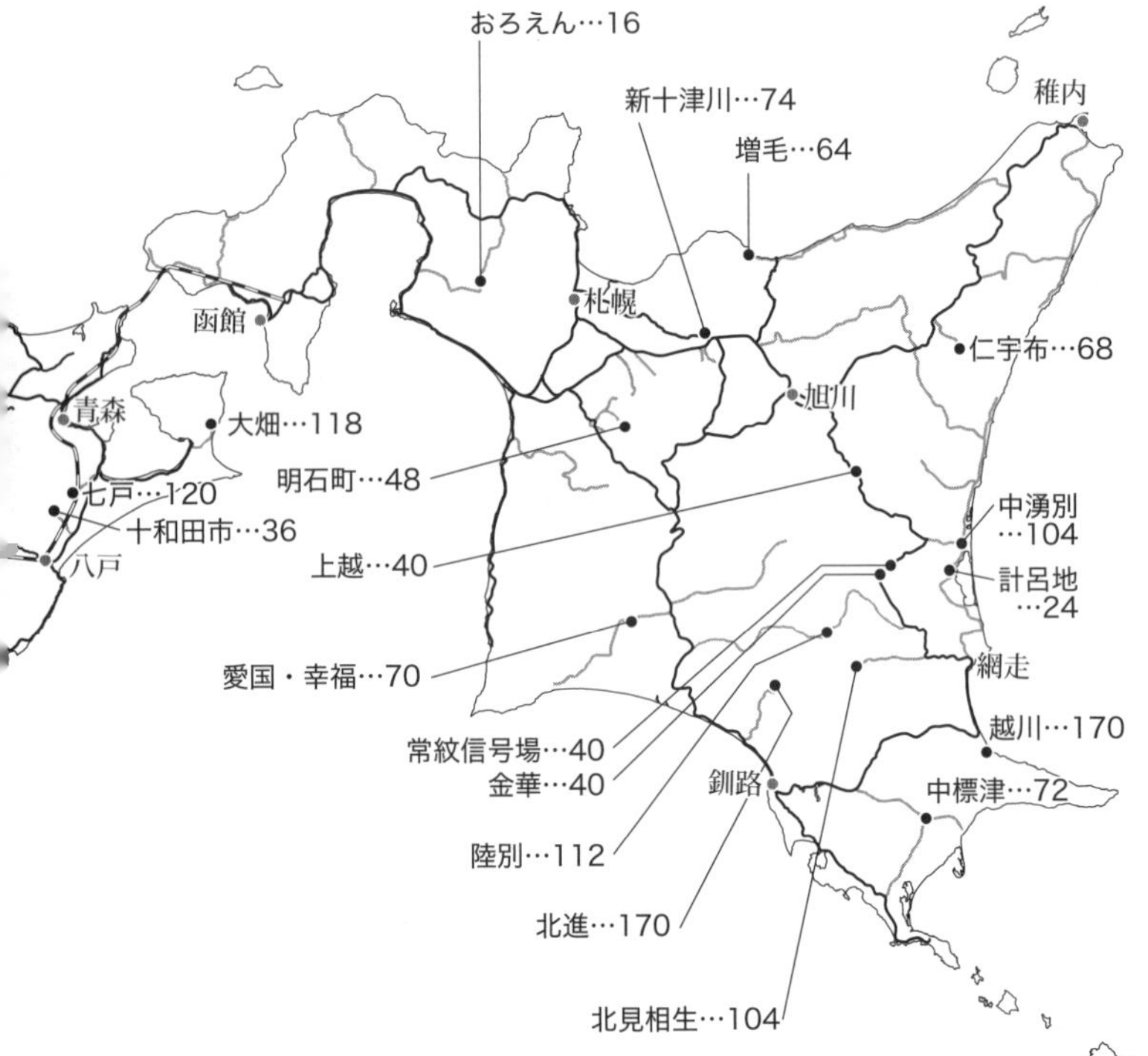
おろえん…16
新十津川…74
増毛…64
稚内
札幌
函館
仁宇布…68
旭川
青森
大畑…118
明石町…48
七戸…120
十和田市…36
八戸
上越…40
中湧別
…104
計呂地
…24
愛国・幸福…70
網走
越川…170
常紋信号場…40
金華…40
釧路
中標津…72
陸別…112
北進…170
北見相生…104

目次

・「廃止駅」ではない駅も掲載しています
・廃止日は、最終営業日の翌日です
・所在地は現在の市町村です
・記述は 2019（令和元）年 4 月末時点を基準にしています

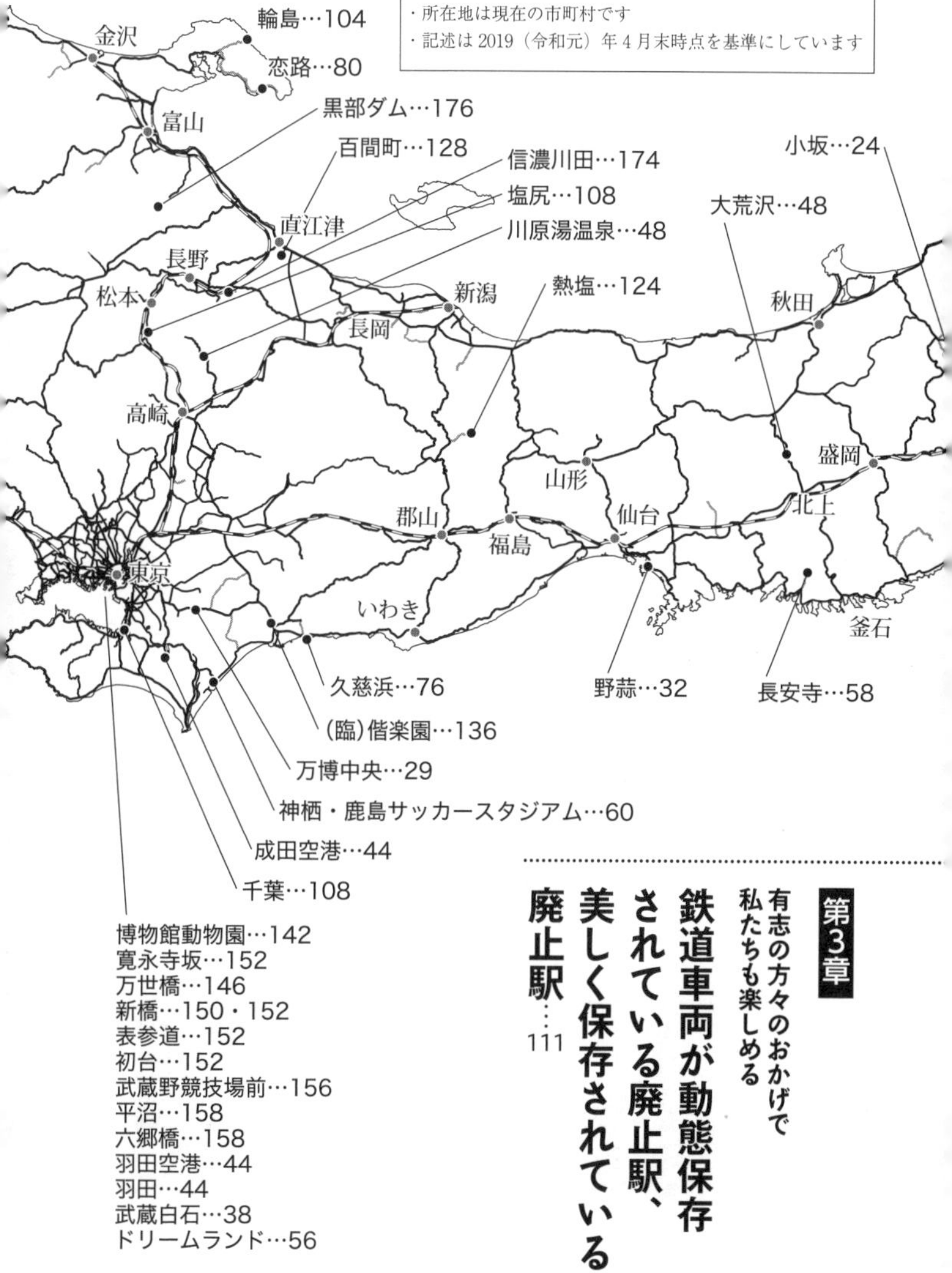

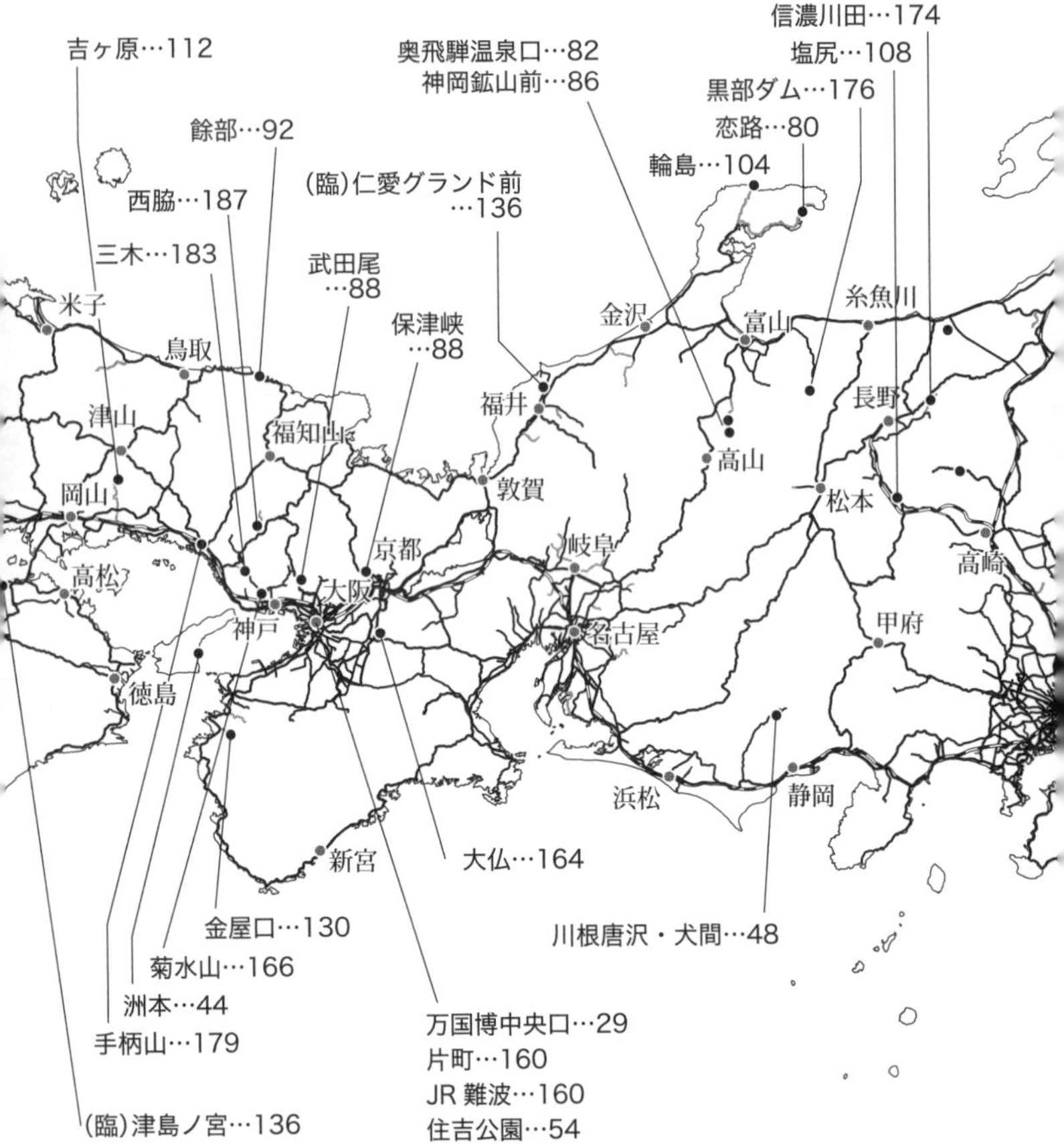
吉ヶ原…112
奥飛騨温泉口…82
神岡鉱山前…86
信濃川田…174
塩尻…108
黒部ダム…176
恋路…80
輪島…104
餘部…92
西脇…187
三木…183
(臨)仁愛グランド前…136
武田尾…88
保津峡…88
米子
鳥取
津山
岡山
高松
徳島
神戸
大阪
京都
福知山
福井
敦賀
金沢
富山
糸魚川
長野
高山
松本
高崎
岐阜
名古屋
甲府
浜松
静岡
新宮
大仏…164
金屋口…130
菊水山…166
洲本…44
手柄山…179
(臨)津島ノ宮…136
万国博中央口…29
片町…160
JR 難波…160
住吉公園…54
川根唐沢・犬間…48

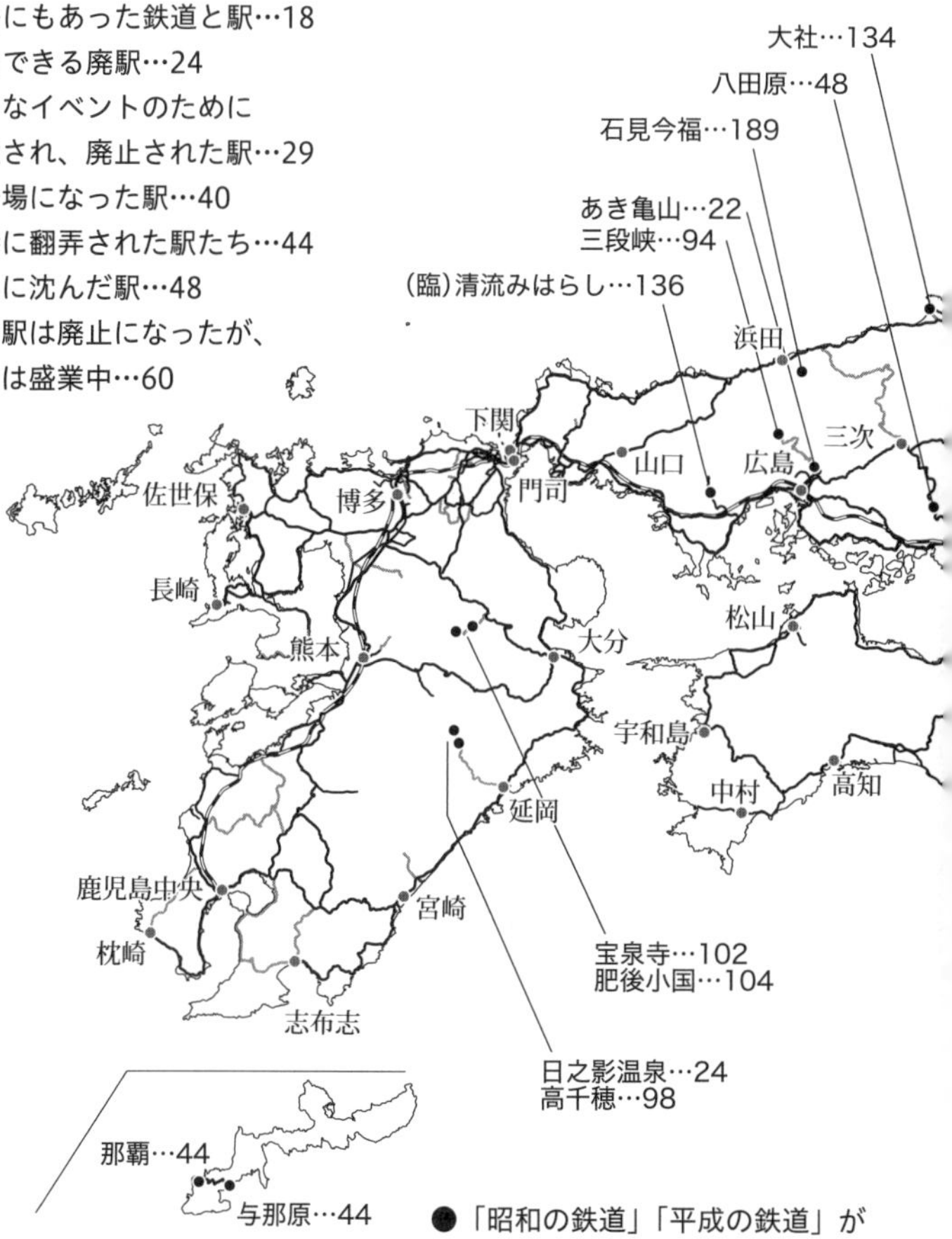
大社…134
八田原…48
石見今福…189
あき亀山…22
三段峡…94
(臨)清流みはらし…136
浜田
三次
広島
山口
下関
門司
博多
佐世保
長崎
熊本
大分
松山
宇和島
高知
中村
延岡
宮崎
鹿児島中央
枕崎
志布志
宝泉寺…102
肥後小国…104
日之影温泉…24
高千穂…98
那覇…44
与那原…44

駅が廃止されるということ

栗原 景

◎廃止されてもなお生き続ける鉄道駅

地域の人々に親しまれた駅が、廃止される。列車は姿を消し、駅名標や、時刻表も取り外される。駅舎やホームが取り壊され、そこに駅があったということすらわからなくなってしまうこともある。廃止を迎えた駅は、列車に乗り降りする施設としての役目を終え、「廃駅」となる。その数は、国鉄が再建のために赤字路線の廃止を本格的に始めた1981（昭和56）年以降に廃止された駅だけでも、1200を超える。

だが、駅の役目は、廃止されても終わらない。そこに駅があったという事実は、多くの人の記憶に残る。駅は多くの人が日常的に利用した公共施設。廃止された後も、そこにかつて人々の生活があり、産業があったという証しになる。施設の跡、周辺の家屋、地形など、様々な痕跡が、その土地の歴史を次の世代に伝えていく。

新潟交通月潟駅（新潟県）。ボランティア団体の手によって、駅と車両が美しく保存されている（写真：編集部）

お年寄りが、町の歴史を子供たちに伝えることがある。老人の昔話を、興味を持って聞いてもらうのは難しい。一方、昔この町に駅があった、鉄道があったという話は、多くの子供たちが興味を持つ。子供の多くは〝電車〟が好きだ。どんな駅だったんだろう、どんな〝電車〟が走っていたんだろう。どうしてなくなっちゃったんだろう。そんな興味が、町の歴史を次の世代に伝えてくれる。

旅人の視点で見ると、探す楽しさ、知る喜びを感じ取れるのも、廃駅ならではの魅力だ。今は地図にない駅を訪れ、どこかに残る痕跡を探す。地元の人から話を聞き、そこに列車が発着していた時代を想像する。古地図や地形図を見れば、その駅が設置された、あるいは廃止された経緯を知ることもできるだろう。廃止された鉄道路線の跡をたどる廃線跡めぐりも魅力的だが、移動距離が大きく、藪や崖、野生動物など時に危険を伴う。廃駅探訪は、誰でも安全に楽しめ、知的好奇心を刺激する、現代の遺跡探検だ。

廃駅探訪には、様々な発見がある。すっかり様変わりしたと思っていた跡地に、思わぬ駅舎の痕跡を見つけることもあるし、駅を見守っていた老木が元気に葉を実らせていることもある。たまたま出会った古老に尋ねれば、「そこに駅舎があった」「駅前の店で、よく買い物をした」と記憶を語ってもらえるだろう。思い出話がきっかけとなって、駅や町の意外な歴史を教えてもらえることも多い。

現役の駅は、利用者にとって「あって当たり前」の存在だ。道行く人に、「この駅の思い出を教えてください」と尋ねても、怪訝な顔をされるだけかもしれない。今は思い出になってしまった廃駅なら、多くの人が喜んで教えてくれる。廃駅には、そんな不思議な力がある。

◎駅が消える四つの理由

駅がなくなる理由は様々だ。いくつかの例を紹介しよう。

JR天北線飛行場前駅（北海道）。駅が廃止された理由は①。廃線跡はサイクリングロードになった（写真：編集部）

①路線の廃止

日本の近代化を支えてきた鉄道だが、道路交通の発展や国のエネルギー政策の変化などによって、多くの路線が失われてきた。鉄道が廃止されれば、他に路線がない限り駅も同時に廃止される。

路線廃止によって消えた駅は、大勢の人に惜しまれながら最後の日を迎える。比較的大きな町の玄関駅が廃止になることもあり、最終列車ともなれば、地元の住民やかつての住民、メディア、鉄道ファンなどが詰めかけ、足の踏み場もなくなるほどだ。

②路線または駅の移転

鉄道のルートが変更された結果、駅が移転し、それまでの施設が廃止される。トンネルの新設によるルート変更や、ダム建設による水没区間の発生などがこれにあたる。時には、地震や火山活動など大規模な災害によって、ルートが変わることもある。

このタイプは、多くの場合「廃止」ではなく「移転」であり、駅自体は存続するので、路線廃止のような悲壮感は少ない。しかし、移転前のルートは人の手が入らなくなることが多く、訪れるのが困難になる。特にダムに水没した廃駅は、よほど水位が下がらない限り、再び姿を見せることはない。災害によって失われた駅は、住民のトラウマを呼び起こすことがあるのでほとんどが跡形もなく撤去されるが、中には災害の記憶を語り継ぐために保存される場合もある。

③利用者の消滅

鉄道は生きていても、日常的な利用者がゼロになった結果、廃止に至る。近年のJR北海道に多く見られる事例だ。経営危機に苦しむJR北海道が、日常的な利用者が極端に少ない駅の整理を行っているからだ。北海道以外の地域では、鉄道が通っている地域で日常的な利用者が完全にゼロになることは少ない。わずかでも利用者がいる場合には、その駅がなくなれば利用者はただちに生活に困ることになるため、よほどのことがない限り廃止にはならない。車社会が浸透し、人口ゼロ地域が増えている北海道特有の廃駅ともいえる。

このタイプの廃駅には、2種類ある。完全に廃止される場合と、列車の運行に関係する機能だけ存続する信号場となる場合だ。完全に廃止された駅は、原則としてホームや駅舎は速やかに撤去され、駅の痕跡は限りなくゼロに近くなる。人が線路に近づけるようになっていては、危険だからだ。一方、信号場として残った場合は、駅舎が保線作業員の詰所として利用されることがあり、駅らしい雰囲気を残す。中には、ホームの一部が撤去されずに残ったり、石北本線上越《かみこし》信号場のように「駅」の表示が残ったりすることもある。

④戦争による休廃止

太平洋戦争をはじめとする昭和の戦争は、日本にとって国力のすべてを投じた戦いだった。あらゆる産業が戦争遂行のために省力化を求められ、鉄道も多くの路線や駅が営業休止、あるいは廃止に追い込まれた。このタイプは、人口が少ない地方だけでなく、都市部にも多いことが特徴だ。駅間が短い、周辺に他路線があるといった理由で多くの駅が営業休止となった。「不要不急」、つまりなくてもそれほど困らない駅を減らし、消費電力や人員などを削減しようとしたのである。戦後になって復活した駅や路線もあるが、休止状態のまま朽ち果てたり、いったん復活したものの短期間で廃止されたりした駅も少なくない。営業休止となった駅は、戦後の営業再開を見込んでいたため施設は撤去されず、70年以上経過した今も、遺跡のように痕跡を残していることがある。

◎様々に姿を変える、廃駅たち

様々な理由で「廃駅」となった駅たち。その後の運命も、また様々だ。①のように路線自体が廃止になった場合は、主要駅が交通公園や鉄道記念館として整備されることがある。京都府の加悦《かや》鉄道大江山鉱山駅跡を整備した加悦ＳＬ広場や、北海道の国鉄幌内線幌内駅跡にオープンした三笠鉄道記念館のように、車両や施設の本格的な保存・展示が行われている所もある。

熱心な鉄道ファンが、駅を保存する原動力になる事例も各地にある。駅舎と電車が保存されている、新潟県の新潟交通月潟駅は、県内外の鉄道ファンが自発的に保存活動を始めたことがきっかけで地元の人々と関係が生まれ、自治体と連携した保存会の設立につながった。駅構内と車両が動態保存されている青森県の南部縦貫鉄道七戸駅も、列車の運行休止後も駅を訪れ、清掃を行う鉄道ファンに職員が声をかけたことが、現在の動態保存実現に結びついた。

バスなどの鉄道代替交通のターミナルとなるケースもある。国鉄再建法によって赤字ローカル線が廃止された時は、沿線自治体に転換交付金が支給されたため、多くの駅が真新

加悦鉄道大江山鉱山駅（京都府）の加悦SL広場。貴重な車両と加悦駅舎などが保存されている（写真：編集部）

しいバスターミナルに姿を変えた。一方で、経済的余裕のない地方私鉄では、駅舎をそのままバス営業所に転用しているところもある。ホームがあった場所にバスが発着したり、改札口がそのまま残ったりと、鉄道時代の面影を強く残すが、老朽化によって簡素な建物に建て替えられることもあり、徐々に姿を消していく。

全く異なる用途に使われる駅もある。新潟県の蒲原《かんばら》鉄道七谷《ななたに》駅は、駅舎が黒水東区集会場として、地域の人々の集まりに使われている。建物の裏にはプラットホームが1985（昭和60）年に廃止された時のまま残る。北海道の湧網《ゆうもう》線知来《ちらい》駅は、駅の敷地がゲートボール場となり、駅舎は「知来ゲートボール会館」となった。

蒲原鉄道七谷駅（新潟県）。ホームと駅舎が、忘れられたように存在している（写真：編集部）

しかし、最も多いのは、廃止後完全に撤去されて痕跡を留めない駅だ。特に、土地が民間に売却されると、ほとんど跡形もなく消えてしまう。

それでも、注意深く観察すると、駅の面影が感じられることはある。道路が駅の敷地に沿って膨らんでいたり、かつて駅前旅館だった建物が残っていたり。インターネットで航空写真を閲覧すると、民家の向きが線路跡の部分だけ他とは異なることや、線路跡に沿って田畑の土の色が微妙に違うこともある。

駅は町と人々の記憶にたくさんの痕跡を残す。廃駅を知り、廃駅を訪れることは、町と鉄道の歴史を知る旅である。

「廃止駅＝超過疎」

とは限らない!?

第１章

廃止駅に隠された びっくりエピソード

小坂製錬小坂駅（写真：伊原 薫）

国鉄胆振線

「おろえん」仮乗降場〈北海道伊達市〉

表記さえ不明？ 謎に包まれた幻の秘境駅

開業日
1941年（昭和16年）10月12日

廃止日
1982（昭和57）年頃（詳細不明）

「秘境駅」が静かなブームだ。秘境駅とは、会社員で秘境駅探訪家の牛山隆信氏が命名したもので、過疎化によって集落が消滅するなど、鉄道以外ではたどり着くことが難しい場所にある駅のこと。人里離れた秘境でも、列車に乗れば訪れることができるとあって、鉄道ファンやコアな旅行者の心を捉えている。

国鉄時代には、もっと極端な秘境駅があった。その代表が、胆振《いぶり》線の「おろえん」仮乗降場だ。仮乗降場とは、国鉄時代、国鉄本社を通さず、鉄道管理局（地域の鉄道を管理する支社のようなもの）などの判断で設置された乗降場のことで、北海道のローカル線に多かった。全国版の時刻表には掲載されず、北海道限定の「道内時刻表」（現在の北海道時刻表）に辛うじて掲載されていた。

「おろえん」仮乗降場は、その道内時刻表にも掲載されなかった「幻の仮乗降場」だ。新大滝～御園《みその》間にあったが、そもそも駅名の漢字表記がはっきりしない。「おろえん」とは、

山の中に延びる林道の先、倒木を潜り藪をかき分けた約1km先に広場がある。ここが駅跡（写真：牛山隆信）

アイヌ語の「オロ・ウエン（水の状況が悪いの意）」に由来するが、駅名としては「尾路遠」説と、「尾路園」説とがある。地名は「尾路遠」だが、駅名標には「尾路園」と書かれていた。

「おろえん」仮乗降場は、１９４１（昭和16）年に開業した。この辺りは雪崩や土砂崩れが多く、線路の保守を行う「尾路遠線路班」が設置されたが、「おろえん」仮乗降場はその基地だった。昭和30年代までは周辺に開拓者の集落があったが、やがて、過疎化が進み、保線要員も常駐しなくなった。「おろえん」仮乗降場は使命を終え、１９８２（昭和57）年頃に廃止されたらしい。その後も、乗務員に下車したいと言えば停めたというから驚きだ。その胆振線も、国鉄民営化の直前、１９８６（昭和61）年11月に廃止され、駅跡はすっかり自然に返った。

（栗原 景）

離島にもあった鉄道と駅

かつて鉄道は「島」の人々の生活も支えた

日本の鉄道は、基本的に本州、北海道、四国、九州にある。2004（平成16）年に沖縄に開業した沖縄都市モノレール（ゆいレール）はあるが、「乗客を乗せて2本のレールの上を走る旅客鉄道」は、主要4島に限られている。

だが、かつては4島以外の「島」にも鉄道があった。その一つが、淡路島を走っていた淡路交通鉄道線だ。「淡鉄《だんてつ》」の愛称で親しまれ、南海電鉄から譲渡された大型の電車が洲《す》本《もと》～福良《ふくら》間を走っていた。最盛期には年間400万人もの乗客を輸送し、通勤通学や観光に欠かせない交通手段だった。しかし、昭和30年代から島内の道路整備が進むと居場所を失い、1965（昭和40）年に集中豪雨で全線不通になると、一気に客足が遠のいた。いったんは全線復旧したが乗客は戻らず、翌1966（昭和41）年9月に全線が廃止された。

その淡路島の中央にある洲本市。1895（明治28）年に、後にカネボウとなる淡路紡

◆淡路交通

洲本駅 兵庫県洲本市

開業日 1925（大正14）年5月1日
廃止日 1966（昭和41）年10月1日

◆沖縄県営鉄道

那覇駅 沖縄県那覇市

与那原駅 沖縄県島尻郡与那原町

開業日 1914（大正3）年12月1日
廃止日 1945（昭和20）年4月頃消滅

績を誘致して以来、産業港として栄えた港町だ。明石海峡大橋が開通するまでは、神戸や深日《ふけ》（大阪府岬町）からフェリーや高速船が就航していた。

その洲本港の一角に、現在はバス会社となった淡路交通の本社がある。路線バスは近くの洲本バスセンターから発着しているが、車庫となっている本社ビルの下が、以前はバスターミナルだった。さらに遡ると、ここは淡路交通鉄道線の起点だった洲本駅の跡だ。しかも、現在の本社ビルは鉄道が現役の頃から使われているもの。入出庫するバスが停車するピットがかつてのプラットホーム跡で、車庫から出入りするバスを見ていると、福良行きの電車が発車していく様子が思い浮かぶ。インターネットで航空写真を見るだけでも、ここがかつてターミナル駅だったことがわかるだろう。昔は、大阪から淡路島を訪れるには、南海電車で深日港駅まで行き、船で洲本に渡って淡路交通の電車に乗り換えたのだ。今なら、明石海峡大橋経由の高速バス1本だ。

洲本バスセンターの社屋は鉄道時代からのもの(写真：栗原 景)

周囲にも、洲本駅を偲べるものがある。淡路交通の向かいにある古い民家の壁には、「洲本駅前給油所」のかすれた文字が残り、周囲の電信柱には「エキマエ」の文字が見られる。ここは今でも「洲本駅前」なのだ。

淡路交通鉄道線には19の駅があったが、駅舎と呼べる建物が残っているのは、洲本駅のみ。他の駅はすべて失われ、かつての姿を想像することはできない。

離島にあった旅客鉄道といえば、忘れてはならないのが沖縄だ。1945（昭和20）年に沖縄戦で破壊されるまで、沖縄本島には沖縄県営鉄道や沖縄電軌などの鉄道があった。中でも沖縄県営鉄道は、線路幅762㎜の軽便鉄道ながら、与那原《よなばる》線、嘉手納《かでな》線、糸満《いとまん》線と3路線、貨物線を含めると47・8㎞の路線を有して、「ケービン」の愛称で親しまれた。ゆいレール旭橋駅に隣接する那覇バスターミナルが、車両基地などがあった那覇駅の跡地で、2015（平成27）年には、再開発工事中の敷地内からレンガ造りの転車台や検査用ピットが出土した。現在はその上に新しい那覇バスターミナルビルが建設されたが、転車台などの遺構は旭橋駅へ続くデッキ脇の「交通広場」に移設・展示される予定だ。

那覇駅を起点とした与那原線の終着駅が、9㎞あまり東にあった与那原駅だ。与那原駅の跡地には、駅舎を再現した「軽便与那原駅舎資料館」がある。

沖縄県営鉄道は、沖縄戦で徹底的に破壊され消滅した。1931（昭和6）年に、同鉄

上の写真の左の建物はまだ農協として使われていた修復後の与那原駅舎（2009年）、右は復元された与那原駅舎（写真：歩鉄の達人）

道唯一となるコンクリート駅舎が建てられた与那原駅も、米軍の攻撃によって破壊されたが、駅舎は柱と壁がわずかに残り、戦後修復して消防署や与那原町役場、そして農協として使われた。そして２０１３（平成25）年、駅舎跡の建物を使っていた農協が移転したことをきっかけに、県営鉄道の開業１００周年を記念して与那原駅舎が復元されることになった。数少ない資料から再現された建物は新築だが、かつての駅舎を支えてきた９本の柱は基礎部分が保存され、資料館の裏手に保存されている。この９本の柱が、「沖縄県営鉄道の駅」として現存する、唯一の遺構だ。県営鉄道の数少ない遺構は、那覇空港近くのゆいレール記念館にも展示されている。

（栗原 景）

JR西日本 可部線

あき亀山駅

〈広島県広島市〉

廃線から電化延伸！ 奇跡の復活を遂げた駅

１９６９（昭和44）年に三段峡駅まで開通したＪＲ可部線は、戦前からの営業区間である横川～可部間が電化、戦後に延伸された可部～三段峡間が非電化ということもあり、可部駅を境に需要の差が激しかった。結局、非電化区間は２００３（平成15）年に廃止されてしまうのだが、その際にある条件がつけられていた。それは、「可部～河戸《こうど》間については、地元自治体である広島市から電化延伸の要請があれば、ＪＲ西日本は協議に応じること」というものである。

河戸駅周辺は昭和末期から宅地化が進んでおり、１９９０年代には可部～河戸間の電化延伸運動が地元主導で行われるなど、鉄道を活用しようという動きが盛んだった。だが、ＪＲ西日本側は30億円前後とされる費用を地元で負担することが条件というスタンスで、その点がネックとなり電化は実現しなかった。廃線後もこうした動きは続き、また鉄道の整備や活性化に国の補助が得られるようになったことから、議論は加速。２０１１（平成

開業日
2017（平成29）年
3月4日

廃止日
現存

23）年、ついに可部駅から河戸駅の少し先までの約1・6kmが〝復活〟する見通しとなった。
ただ、復活に際しては様々な問題が立ちはだかった。法律上は一度廃止されているため、復活ではなく新規建設扱いとなるのだが、国土交通省は鉄道路線を新設する際に踏切の設置を原則として認めていない。つまり、廃止前にあった踏切は、すべて立体交差化しなければならないのである。この調整に時間がかかったこともあり、開業時期は大幅に遅れたものの、2017（平成29）年に完成。旧・河戸駅は、その少し先に「あき亀山駅」として蘇ったのである。

廃線後に線路跡を観光鉄道として利用する例は全国で増えつつあるが、再び〝本物の鉄道〟として復活したのは近年例がなく、多くの注目を集めた。

かつて1～2両編成のディーゼルカーがのんびり走っていた駅は、ブランクを経て最新型の電車が走る通勤路線へと変身。駅南側には市民病院の建設計画が進んでおり、今後も地区の発展を支えることだろう。

（伊原　薫）

新線の雰囲気が漂う（写真：そらみみ　CC BY-SA 4.0）

宿泊できる廃駅

上野に向かって走り出しそうなブルートレイン

寝台特急「北斗星」（上野〜札幌）の廃止によって、日本の鉄道から姿を消したブルートレイン。そのブルートレインが、今も毎日「発着」する駅がある。しかもその駅は、今は廃止された終着駅。

妖怪の話ではない。秋田県の小坂製錬小坂駅を活用した、小坂鉄道レールパークでの本当の話だ。

小坂製錬小坂線は、奥羽本線の大館駅と小坂駅を結んでいた22・3kmの私鉄路線だ。主に小坂鉱山から産出する鉱石や濃硫酸の輸送を行っていたが、危険物の輸送がなくなりトラック輸送に切り替わったことから、2009（平成21）年に全線が廃止された。終着駅の小坂駅は小坂町が敷地を借り受け、2014（平成26）年6月に「小坂鉄道レールパーク」としてオープンした。

◆小坂製錬小坂線

小坂駅 秋田県鹿角郡小坂町

開業日 1909（明治42）年5月7日
廃止日 2009（平成21）年4月1日

◆高千穂鉄道高千穂線

日之影温泉駅 宮崎県西臼杵郡日之影町

開業日 1939（昭和14）年10月11日
休止日 2005（平成17）年9月6日
廃止日 2008（平成20）年12月28日

◆国鉄湧網線

計呂地駅 北海道紋別郡湧別町

開業日 1935（昭和10）年10月20日
廃止日 1987（昭和62）年3月20日

小阪駅構内に据え付けられた「あけぼの」。この車内に宿泊できる（写真：きしの）

そのレールパークで動態保存されているのが、ブルートレイン「あけぼの」だ。上野から秋田を経由して青森を結んでいた歴史ある寝台特急だったが、2015（平成27）年1月に運行を終了。寝台車3両と電源車1両が小坂町に売却され、車内で実際に宿泊できる施設「宿泊ブルートレインあけぼの」として、同年10月から営業を始めたのだ。

廃止された寝台車を宿泊施設として再利用するケースは以前からあったが、小坂鉄道レールパークは「動態保存」であるというのがポイント。普段は展示場に停車している車両は、毎日朝と夕方、ディーゼル機関車に牽引されて小坂駅のホームに入線する。夕暮れのホームに、灯りのともったブ

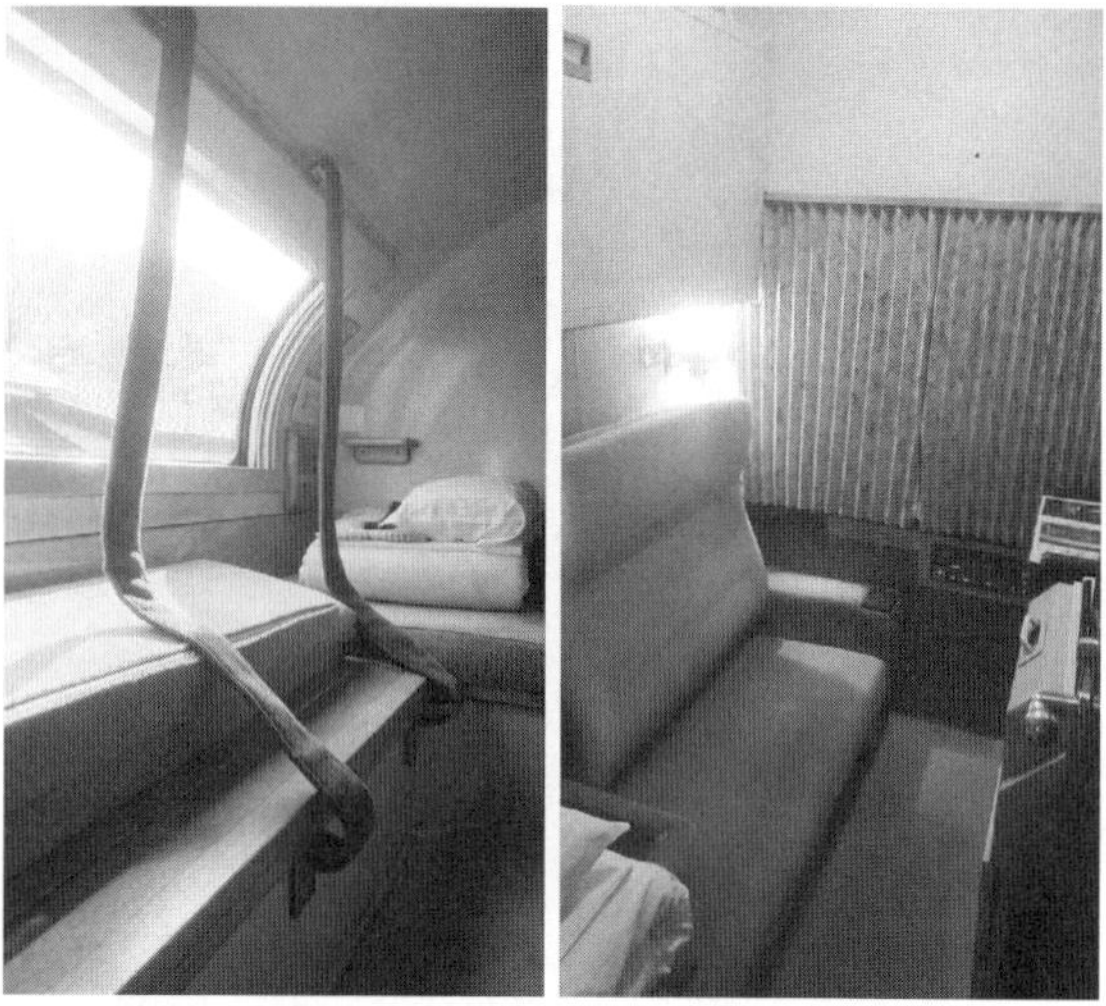

すべて個室寝台車。左はB寝台個室上段（下段も選べる）、右はA寝台個室（写真：きしの）

ルートレインがゆっくりと入線する様子は旅情満点。車内では、列車の走行音をバックに、実際のブルートレインを模した車内放送も行われる。

宿泊できる寝台は、A寝台個室とB寝台個室の2種類。開放型B寝台は休憩スペースとなっていて、朝夕の入線時は宿泊客でなくても乗車できる。車体は定期的に塗装が行われるなど大切にメンテナンスされており、料金もリーズナブル。「宿泊ブルートレインあけぼの」の営業は毎年4月下旬から11月上旬までで、当初、冬季は約2・5km離れた1号トンネルまで自走して冬眠していた。春秋の回送時には、一層多くのファンで賑わった（現在は機関車庫で保存）。

小坂鉄道レールパークには、貴重な木造駅舎（15ページ写真）や機関車なども保存されており、周辺には明治時代から続いた小坂鉱山の史跡も多い。懐かしい列車の旅を味わうなら一度は訪れたいスポットだ。

列車に宿泊できる廃駅といえば、高千穂鉄道日之影温泉駅も見逃せない。２００５（平成17）年の台風被害で廃止された高千穂鉄道だが、日之影温泉駅は、鉄道時代から併設していた日帰り温泉施設が営業を続けている。かつてのホーム跡には、高千穂鉄道から譲り受けた２両のディーゼルカーを改造した宿泊施設「ＴＲ列車の宿」が営業中。車内は全６室の宿泊施設として改造され、ベッドやトイレ、テレビ、洗面台などが完備している一方、荷棚や運転席などは残されている。このまま走り出したら、なんとも夢のある列車になりそうだ。車内に入浴施設はないが、駅舎内の温泉を利用できる。

北海道には、手軽に宿泊できる廃駅が多い。ライダーハウスと呼ばれる、オートバイや自転車旅行向けの簡易宿で、廃止された駅の駅舎や保存された車両に宿泊できる。

サロマ湖に近い、湧別《ゆうべつ》町の計呂地《けろち》交通公園は、湧網《ゆうもう》線計呂地駅跡を活用した施設だ。小さな駅舎は資料館となり、ホームにはＣ58形蒸気機関車と２両の旧型客車が保存されている。客車１両と、保線小屋を使った「駅長の家」はライダーハウスとして宿泊が可能（夏期限定）。施設は湧別町が保有し、管理は町から委託された自治会が行っている。シャワーや五右衛門風呂、バーベキュー広場などもあり、ライダーハウスとしては比較的充実した

上：日之影温泉駅の「TR列車の宿」。右：計呂地駅でライダーハウスとして活用される客車（写真：ppukucho CC BY 3.0）

施設だ。

駅跡を活用したライダーハウスは、計呂地のほかにも道の駅となった北見相生《あいおい》駅（相生線／105ページ参照）、興部《おこっぺ》駅（名寄本線）、振内《ふれない》駅（富内線）、萱野駅（幌内線）などがある。振内駅は、駅舎跡に立派な鉄道記念館が建ち、ホームに置かれた2両の旧型客車に宿泊できる。萱野駅は駅舎内の事務室に宿泊できるようになっていて、テレビやガスコンロ、洗濯機なども利用できる。

80～90年代には各地にあったライダーハウスだが、近年は老朽化や利用者の減少などから、廃業する施設が増えている。廃駅を利用したライダーハウスも減った。機会があれば利用して、懐かしいローカル線の旅気分にひたってみよう。

（栗原 景）

大きなイベントのために設置され、廃止された駅

万博のために営業した「世界からの玄関口」

136ページでは、毎年特定のシーズンのみ営業する臨時駅について紹介しているが、臨時駅にはさらに特殊なケースがある。それは、大規模イベントの開催に合わせて設置され、その終了とともに廃止されたというものだ。そしてその代表例が、1970（昭和45）年に開設された万国博中央口駅だ。

同年3月15日から9月13日まで開催された日本万国博覧会、通称「大阪万博」は、日本のみならずアジア初の国際博覧会ということで大きな期待が寄せられていた。目標入場者数は3000万人と設定されたが、その移動手段は大きな課題であった。そこで、全世界からの来場者を的確に運ぶため、東海道新幹線の終着駅である新大阪駅から大阪市営地下鉄を延ばし、会場まで直結させることになった。とはいえ、会場があるのは吹田市であり、〝大阪市営〟地下鉄が鉄道を建設・運営するわけにはいかないことから、阪急電鉄や大阪

◆北大阪急行電鉄

万国博中央口駅 大阪府吹田市

開業日 1970（昭和45）年2月24日

廃止日 1970（昭和45）年9月14日

◆JR東日本 常磐線

万博中央駅 茨城県牛久市

開業日 1985（昭和60）年3月14日

廃止日 1985（昭和60）年9月16日

※同一所在地にひたち野うしく駅が1998（平成10）年3月14日開業

府などの出資する北大阪急行電鉄が江坂駅から北側を建設・運営し、大阪市営地下鉄に乗り入れるという形で決着。会場入り口に直結する万国博中央口駅は、そこまでの線路ともども中国自動車道の建設予定地を借りる形で作られ、開幕を控えた2月24日に営業を開始した。

大阪万博の来場者数は、当初見込みを大幅に上回る6400万人以上となり、大阪市営地下鉄と北大阪急行はそのメインアクセス手段として大活躍。万国博中央口駅を利用した来場者は、2000万人以上を数えた。一方、閉幕後は乗客が激減することが容易に予想されたため、北大阪急行は大阪万博の終了に合わせて、それまで仮駅として営業していた千里中央駅を千里ニュータウンの中心地に移設する形で、営業路線を付け替えることにしていた。かくして、万国博中央口駅は万博が閉幕した9月13日の営業終了をもって半年間の重責を終え、そこまでの線路ともども撤去。跡地には予定通り中国自動車道が建設され、その名残は見られないものの、千里中央駅に至るトンネル内には万国博中央口駅に向かう線路跡が残っており、車内からも確認することができる。

万博といえば、1985年に開かれた国際技術博覧会、通称「つくば万博」でも臨時駅が設置された。大量輸送が可能な常磐線をメインアクセス鉄道と定め、会場から約13㎞の地点に万博中央駅を開設。万博の開催時期とほぼ同じ約半年間の営業だったが、駅構内には旅行センターやキオスク、立ち食いそば店などもある本格的な作りとされた。同駅には常磐線の中距離電車に加え、臨時快速「エキスポライナー」や全国各地からの臨時列車が発着。さらに、寝台車両を使った列車ホテルも土浦～万博中央間で運転されるなど、国鉄の総力を挙げた試みが行われた。

同駅は万博終了後、当初予定通り廃止されたが、周辺住民からは存続・復活の声が多く寄せられた。当時はまだ首都圏新都市鉄道（つくばエクスプレス）が開業前で、つくば地域には東京方面に直通する鉄道がなかったこともあり、地元の牛久市とつくばニュータウンの開発主体である住宅・都市整備公団（現都市再生機構）が費用を負担する形で、1998（平成10）年にひたち野うしく駅として復活を遂げる。ただし、万博中央駅は廃止後にすべての施設が撤去されたため、駅の位置は同一ながらその痕跡はほとんどなく、後年に設置された万博中央駅の記念碑だけがその事実を物語っている。

（伊原 薫）

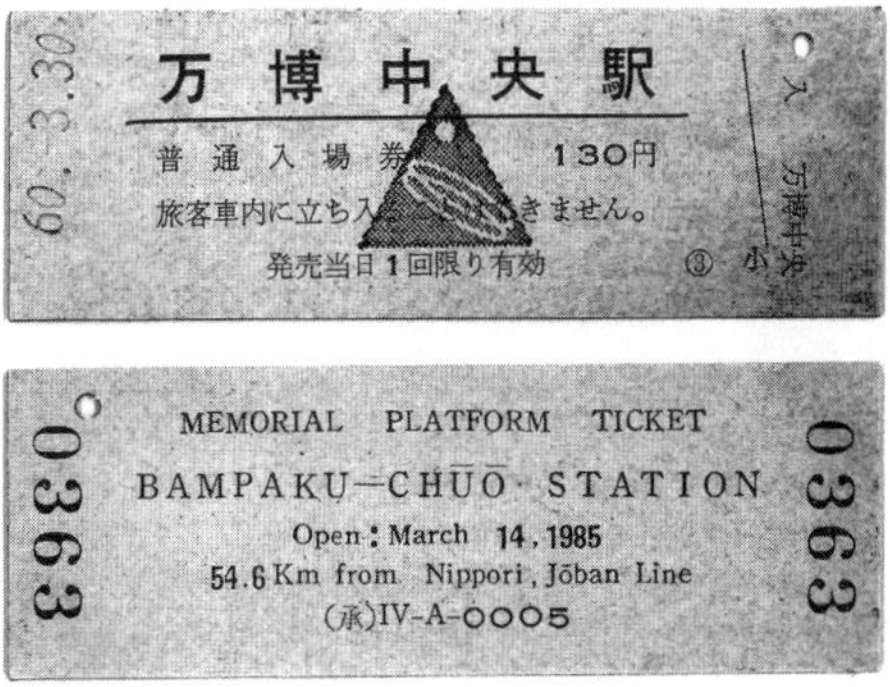

万博中央駅の入場券。通常とは異なる大型のもので、シンボルマークが青く刷られていた（所蔵：編集部）

JR東日本 仙石線

野蒜駅

〈宮城県東松島市〉

津波に襲われた駅が震災の記憶を受け継ぐ

2011（平成23）年3月11日に発生した東日本大震災は、津波が多くの鉄道と駅を呑み込んだ。震災以前と同じように復活した駅、BRTと呼ばれるバスの駅として再開した駅とともに、高台などに移転した駅も多い。

日本三景の一つ、松島海岸から奥松島パークラインを東へ10kmあまり進むと、東名《とうな》運河沿いに三角屋根の白い建物とプラットホームが現れる。ホームには駅名標やレールもあり、遠目には今にも電車が走ってきそうな雰囲気だ。だが、線路は津波の威力でゆがみ、柱も所々折れ曲がっている。

ここは、JR旧野蒜《のびる》駅。宮城県仙台市と石巻市を結ぶ仙石《せんせき》線の中間駅で、海岸から約800m、海抜2mという場所にある。この駅が、東日本大震災の際津波に襲われ、ホームや駅舎の1階部分が水没した。駅がある野蒜地区全体では、約500人の犠牲者が出たという。

開業日
1928（昭和3）年
4月10日

廃止日
2011（平成23）年
3月11日休止
2015（平成27）年
5月30日移転・運行再開

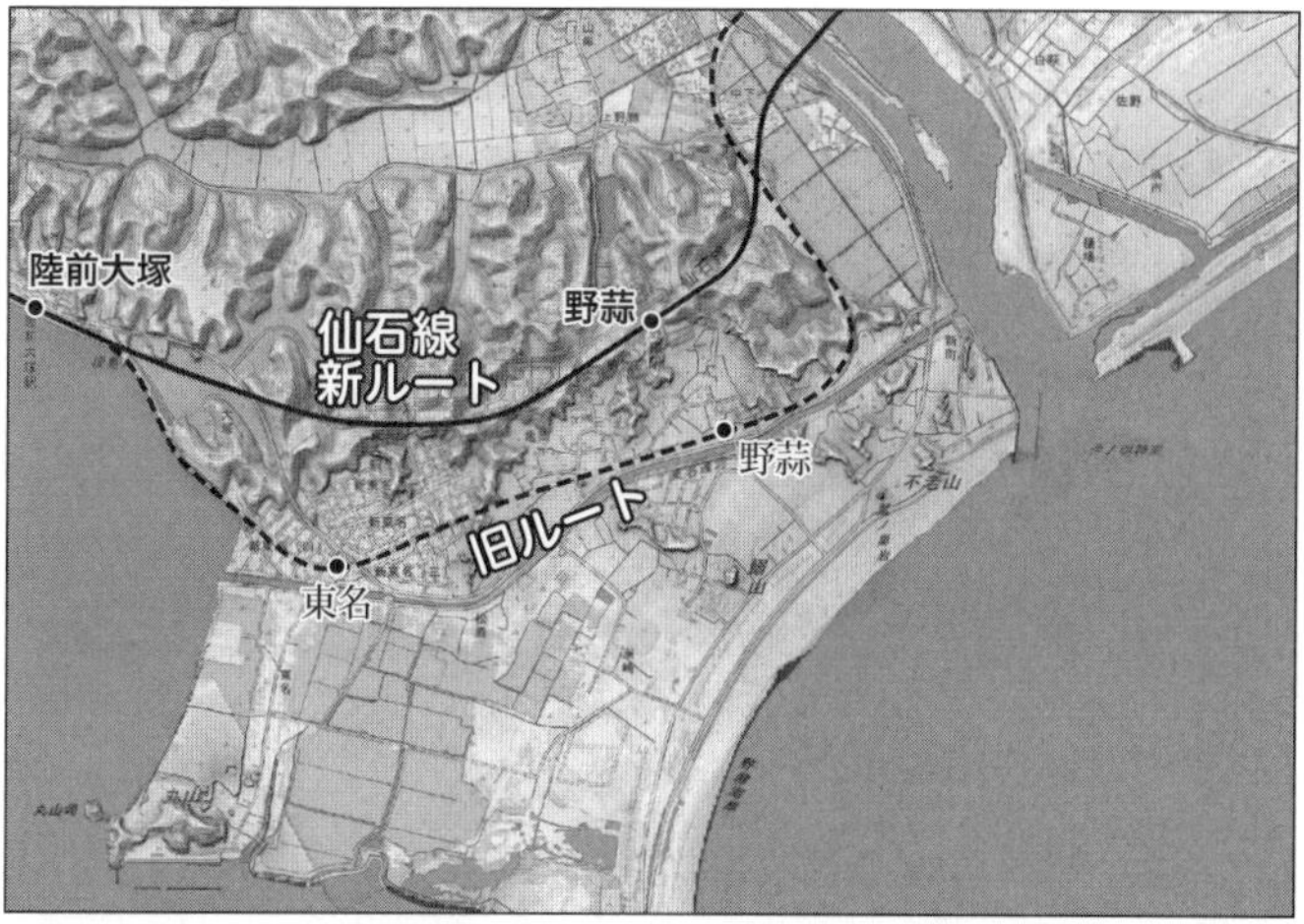

野蒜付近の新旧ルート比較（Kashmir3D＋地理院地図で作成・加工）

野蒜駅は、人々の命運を分けた駅だった。地震発生時刻である14時46分、野蒜駅からは下り石巻行きと上りあおば通行きの2本の電車が同時に発車した。まもなく激しい揺れが襲い、2本の列車は緊急停止。下り列車が停まったのは、鳴瀬川橋梁に向かう海抜10mほどの高台だった。「ここにいたほうがいい」。内規に従い避難場所へ誘導しようとする乗務員を、年配の乗客が制した。幸い、津波は列車がいる高台までは来ず、乗客と乗務員は翌日救助が来るまで電車の中で過ごした。

一方、上り列車は運河沿いの平地に停まった。乗客は乗務員の誘導に従い、300mほど離れた小学校の体育館に避難したが、3mを超す津波に襲われた。体育館には340人が避難していたが、乗客数人を含む18人が犠牲となった。

震災から約1カ月後、米軍と自衛隊が駅舎の復旧作業を行ったが、ここを再び列車が走ることはなかった。JR東日本は、100億円の費用をかけて仙石線を500m内陸側に移設して復旧させることを決定。震災から4年あまりが経過した2015（平成27）年5月30日、仙石線は新しいルートで運行を再開し、野蒜駅も移転した。

鉄道駅としての役割を終えた旧野蒜駅だが、被災直後の姿のまま震災遺構として保存されることになった。駅舎は約4000万円をかけて改修され、2階に津波の被害を伝える資料を展示した「震災復興伝承館」がオープン。1階には、2014（平成26）年に大手コンビニエンスストアが入店した。周辺地域が根こそぎ津波被害に遭い、商業施設が壊滅状態になっていたからだ。

その後、駅周辺は東松島市復興記念公園として整備され、駅の北側には慰霊碑が建てられた。慰霊碑の高さはこの地を襲った津波と同じ、3m70cm。東松島市内で震災の犠牲となった、約1100人の名前が刻まれている。旧プラットホームに立ち入ることはできないが、駅名標も維持され、ここに駅があったこと、津波がこの駅を襲ったことを後世に伝えている。

2019（平成31）年2月には、旧駅舎のコンビニエンスストアが契約満了で閉店し、震災復興伝承館のインフォメーションコーナーに変わった。2階では、被害状況や復興過程の写真展示や、震災アーカイブ映像を見ることができる。

現在の野蒜駅は、旧野蒜駅から10分ほど歩いた高台にあり、ホームから旧駅や海岸を見晴らせる。開業翌年の2016（平成28）年には、駅一帯に91・5ヘクタールの野蒜北部丘陵団地が完成した。二つの野蒜駅は、震災の悲劇と復興を感じとることができるスポットだ。

なお、野蒜駅の隣、仙台方にあった東名駅も、野蒜駅と同時に高台に移転した。こちらも数年前までホームが残っていたが、その後すべての施設が撤去され、更地となった。今では、ホームや駅舎がどこにあったのかもわからない。

（栗原 景）

新しい野蒜駅舎（写真：伊原 薫）

十和田観光電鉄

十和田市駅
〈青森県十和田市〉

駅ビルからの撤退要請を受けて、路線ごと廃止

開業日
1922（大正11）年
9月5日

廃止日
2012（平成24）年
4月1日

駅が廃止される理由は様々だが、そのほとんどは二つに集約される。すなわち、「廃線に伴って廃止される」か「利用者が極端に少ない」かのどちらかである。だが、十和田観光電鉄（十鉄《とうてつ》）の十和田市駅は、逆に駅の存在が廃線につながったという、少し特殊な事例だ。

もともと同駅は、廃線時にあった場所から西に300mほどに位置していた。1985（昭和60）年、十鉄は自身が運営するダイエーのフランチャイズ店舗を核とした複合ビルを近くに建設。駅も移転し、この建物に設けられた改札口から跨道橋を渡ってホームに下りる構造となった。だが、ダイエーの経営再建による影響などを受け、十鉄はスーパーの運営から撤退することとなり、この複合ビルも売却されることになった。売却後は新たな複合ビルを建設し、十和田市駅もその中に入る計画だったが、事業者の選定は難航。いったんは話がまとまったものの、譲渡先の会社が倒産するなど状況は二転三転する。最終的に、

多くの人を乗せた最終列車が十和田市駅に到着した（写真：伊原 薫）

地元企業などの出資する再開発会社が事業を進めることとなり、一見落着かと思われた。ところが、この計画では新ビル内に駅を設けないことになり、十鉄は新たな駅舎を建設する必要に迫られた。折から鉄道の利用者も減っており、自治体からの支援も受けられない状況となったことから、十鉄は鉄道事業の廃止を決定。複合ビルからの撤退期限とされた２０１２（平成24）年３月末をもって、廃止された。

「庇を貸して母屋を取られる」とは少し違うが、駅の存続が物理的に不可能となり、結果的に鉄道そのものがなくなってしまったという、近年では見られないレアケースといえる。

（伊原 薫）

JR東日本 鶴見線大川支線

武蔵白石駅

〈神奈川県川崎市〉

新型電車が通れないからホームがなくなった!?

開業日
1931(昭和6)年
7月25日

廃止日
1996(平成8)年
3月16日
(大川支線の駅として。駅自体は現存)

鶴見駅から沿岸の工業地帯に延びる鶴見線は、都会の中のローカル線として人気が高い。昭和の雰囲気を色濃く残す国道駅、運河に面した海芝浦駅など、特徴のある駅も多く、一日乗っていても飽きない路線だ。

そんな鶴見線には、本線のほか二つの支線がある。このうち武蔵白石《むさししらいし》駅から延びる大川支線は、首都圏で最後まで旧形国電が活躍した路線として知られている。戦前生まれのクモハ12形は、同支線のマスコット的存在として鉄道ファンから愛されたものの、車両の老朽化には勝てず、1996年春のダイヤ改正をもって引退。茶色い電車が1両で行ったり来たりする姿は、見納めとなった。

そして、同時にもう一つ見納めとなったものがある。それは、「大川支線の駅としての」武蔵白石駅だ。実は、大川支線に最後まで旧形国電が残ったのには、大きな理由があった。それは、同駅の大川支線用ホーム。急カーブ上にあり、本線で使われていた車体長さが20

車体が短いクモハ12形時代の、急カーブ上のホーム。いまは撤去された

ｍの１０３系が入線すると、車体がホームに当たってしまうのである。そのため、車体長さが17ｍと短いクモハ12形が「専属」となっていたのだが、老朽化で引退が決まり、ＪＲ東日本には他に入線できる車両がなかったため、「武蔵白石駅の大川支線用ホームを撤去する」という決断が下された。これに伴いそれまで武蔵白石〜大川間の折り返し運転だった大川支線の列車は、鶴見駅発着となり、武蔵白石駅を通過して大川駅に直通することになったのである。

ただし、大川支線の起点は武蔵白石駅のまま。運賃計算上は、今も武蔵白石駅があることになっている。

（伊原　薫）

信号場になった駅

利用者が消滅したが「停車場」としては残る

JR北海道の駅が、どんどん失われている。

北海道には、過疎化によって周辺の集落が消滅するなど、利用者がほぼゼロとなった駅が各地にある。合理化を急ぐJR北海道は、こうした駅の廃止を進めており、2001（平成13）年以降、31もの駅が時刻表から消えた（路線廃止に伴う廃駅を除く）。

このうち、「廃止」として完全に消滅した駅は21カ所。残る10カ所は、信号場となった。

信号場とは、駅と同じ停車場の一つで、旅客や貨物は取り扱わないが、信号機が設置されて列車が停車したり交換したりできる設備のこと。北海道は単線区間が多いので、駅がなくてもある程度の距離ごとに列車同士がすれ違う場所が必要なのだ。

信号場には基本的にホームや駅舎が必要ない。旅客駅から信号場に変更されると、たいていはホームも駅舎も解体されてしまう。だが、中には駅舎が保線作業員の詰所などに使

◆JR北海道 石北本線

上越駅 北海道上川郡上川町

開業日 1932（昭和7）年10月1日

廃止日 旅客営業廃止・信号場となった日 1975（昭和50）年12月25日

◆JR北海道 石北本線

金華駅 北海道北見市

開業日 1914（大正3） 10月5日

廃止日 旅客営業廃止・信号場となった日 2016（平成28）年3月26日

◆JR北海道 石北本線

常紋信号場 北海道北見市

開業日 1914（大正3） 10月5日

廃止日 2017（平成29）年3月4日

ホームは撤去されたが「駅」の表示がいまも残る上越信号場（写真：編集部）

われ、旅客駅だった時代の姿を残す信号場がある。列車に乗っていると、突然地図にない「駅」が現れ、驚くことになる。

その代表が、石北本線の上越《かみこし》信号場だ。上川〜白滝《しらたき》間にあるこの信号場は、1975（昭和50）年12月25日に旅客駅から信号場化された。ただ、その後もしばらくは乗客の乗り降りがあったらしい。ホームはほとんどが撤去されたが、風格のある木造駅舎は保線詰所として今も使われている。柱には「石狩北見国境標高六三四米上越駅」の表示があり、信号場化から40年以上が経過した今もここが「駅」であることを主張している。

上越駅の標高は、柱に書かれている通り634m。北海道で最も標高が高い停車場だ。北海道の旅客駅で最も標高が高い駅は石勝線のトマム駅（標高538m）で、上越はそこよりも100m近く高い。また、上越信号場がある上川～白滝間は、駅間距離が37・3kmと、在来線としては最も駅間距離が長い区間でもある。かつては、天幕・中越・上越・奥白滝・上白滝と五つの駅があったが、今は中越、上越、奥白滝の3駅が信号場として残り、駅舎も健在だ。

同じ石北本線の金華《かねはな》信号場は、2016（平成28）年3月26日に旅客駅から信号場化された。旧留辺蘂《るべしべ》町の西、金華峠の手前の集落に面した駅だったが、定住者がほとんどいなくなり、駅の利用者もゼロに近くなったのだ。開業からちょうど100周年での信号場化で、最終列車は多くの人が見送った。旅客駅時代の金華駅には、朝夕に当駅折り返しの列車が設定されていた。隣接する西留辺蘂駅の利用客のための列車だったが、西留辺蘂駅には列車の折り返し設備がないため、利用者がほとんどいない金華駅で折り返していたのである。この列車は、金華駅の信号場化後、時刻表上の表記は西留辺蘂駅発着に変わったが、実際には今も金華信号場まで回送して折り返している。

金華信号場から約5km旭川寄りには、建設時に劣悪な環境で働かされた労働者に多くの犠牲者を出したことで知られる、常紋《じょうもん》トンネルがある。金華信号場の近くには常紋トンネル工事殉職者追悼碑があり、旅客駅時代の金華駅には追悼碑最寄り駅の案内があった。

そんな常紋トンネルの網走方出口付近には、２０１７（平成29）年まで常紋信号場があった。急勾配の途中にあるためにスイッチバック式の配線を備えた珍しい信号場だった。周囲に民家は皆無だが、１９５０年代から70年代にかけては、臨時駅、あるいは仮乗降場として乗客を取り扱っていた。常紋信号場には常駐する職員がいたため、信号場を訪れる人にも便宜的に乗降を認めていた形だ。蒸気機関車が走っていた時代は撮影の名所となり、多くの鉄道ファンが常紋信号場を利用した。

常紋信号場の巨大なスノーシェルター。信号には使用停止の意味で×印に板が打ち付けられていた（2003年時点。写真：編集部）

常紋信号場は、車両の性能向上や信号の自動化などによって次第に役割を失い、２００１（平成13）年に停車する列車がなくなった。２０１７（平成29）年に正式に廃止となったが、山を登ってくる列車を撮影できるスポットとして、今も多くのファンが周辺を自動車で訪れている。（栗原 景）

空港に翻弄された駅たち

大空港のアクセス駅には歴史秘話がたくさん

◆京成電鉄東成田線

成田空港駅（現東成田駅）

開業日 1978（昭和53）年5月21日
改称日 1991（平成3）年3月19日改称

◆京浜急行電鉄空港線

羽田空港駅（初代）

開業日 1956（昭和31）年4月20日
廃止日 1993（平成5）年4月1日移転

◆東京モノレール羽田空港線

羽田駅（初代）

開業日 1964（昭和39）年9月17日
廃止日 1993（平成5）年9月27日廃止

空港は、経済の発展とともに拡大していく。発着便の増加に従って、ターミナルや滑走路が拡張され、それに合わせて空港アクセス交通も変化していく。

日本の空の玄関、成田国際空港。その第1ターミナルと第2ターミナルの中間付近に、京成電鉄東成田駅がある。華やかな成田空港駅や空港第2ビル駅とは異なり、地下1階のコンコースは薄暗く、がらんとしている。電車は1時間に1～2本しかなく、ホームは1本だけだ。だがよく見ると、隣にもう1本、照明の消えたホームがある。目をこらすと、古びた駅名標に「成田空港」の文字。

実は、ここ東成田駅は、1991（平成3）年まで「成田空港駅」を名乗っていた。京成上野駅からここまで、特急「スカイライナー」が約1時間で結び、当時2面4線だったホームは1・2番線が特急スカイライナー専用乗り場、3・4番線が普通電車の乗り場だった。だが、旅客ターミナル（現在の第1ターミナル）までは500mほど離れており、シャトルバスを利用する必要があった。

こんな中途半端な場所に駅が設けられたのは、東京～成田空港間を結ぶ成田新幹線計画があったためだ。旅客ターミナルの地下は、新幹線駅予定地として確保されていたため、京成電鉄は乗り入れることができなかったのだ。

成田新幹線計画は、一部が着工していたものの沿線の反対運動などによって頓挫し、1987（昭和62）年、国鉄の分割民営化によって正式に中止が決まった。新幹線駅予定地にはJRの在来線と京成電鉄が乗り入れることが決まり、1991年3月19日、現在の成田空港駅が開業。この時、旧成田空港駅は東成田駅と改称され、空港ターミナルとしての役割を終えたのである。スカイライナー専用ホームと改札口は閉鎖されたが、コンコースに囲いを設置し照明を消しただけで撤去はされず、成田空港駅としての最終日の姿のまま残ることになった。

閉鎖されたスカイライナー専用ホームは、照明はほとんど消えているが、今もホームから観察することができる。平成初期の広告もそのまま残されており、まるで駅の遺跡を見ているようだ。

成田と並ぶ首都圏の玄関、羽田空港には、「羽田空港」あるいは「羽田」を名乗る廃駅が二つ眠っている。一つは、京浜急行電鉄空港線の初代「羽田空港駅①」。1956（昭和31）年4月20日に開業したこの駅は、空港手前の海老取川西岸に位置したうえ、当時の旅客ターミナルから約1km も離れていて、空港アクセス駅としてはほとんど機能しなかった。これは、羽田空港の歴史が関係している。現在の羽田空港一帯には、終戦まで羽田穴《あな》守《もり》町をはじめとする穴守稲荷の門前町があったが、戦後進駐軍に強制的に接収され、北側にあった東京飛行場を拡張する形で空港が建設された。穴守駅を終着としていた穴守線（後の空港線）も海老取川西岸で打ち切りとなり、日本が主権を回復した後も、川を渡って空港の敷地に入ることを許されず、対岸に初代羽田空港駅が設けられたのである。京急が、再び海老取川を渡って空港に乗り入れたのは、37年後の1993（平成5）年4月の羽田（現・天空橋）延伸の時のこと。初代羽田空港駅は廃止され、現在は駐車場になっている。そして1998（平成10）年11月18日、京急は念願の新ターミナル乗り入れを果たし、二代目羽田空港駅②（現・羽田空港国内線ターミナル駅）が開業した。

羽田空港のもう一つの廃駅は、意外な場所にある。それは、海老取川の東側にある新B滑走路の南端付近の地中。ここには、東京モノレール「羽田駅③」が眠っている。1993年9月まで、この場所には旧旅客ターミナルがあった。羽田空港の沖合移転に伴い新タ

羽田空港付近の駅の変遷。グレーの丸は廃止駅（Kashmir3D＋地理院地図で作成・加工）

ーミナル（現在の国内線第1ターミナル）がオープンすると、浜松町〜羽田間を結んでいた東京モノレールは羽田整備場駅（現・整備場駅）以遠のルートを変更し、新たに羽田空港駅（現在の羽田空港第1ビル駅）を開業させたのだ。旧ターミナルは完全に撤去され、新たに建設された新B滑走路の一部となった。旅客機が離着陸を行う場所のため、地下にあった旧羽田駅は完全に埋め戻され、駅の遺構は一切残っていない。唯一見られる旧線の痕跡が、整備場駅を発車してトンネルへ降りていく時に左横に見える空き地。現在よりも急カーブで左に進路を変え、羽田駅へのトンネルに入っていった。

成田も羽田も、鉄道は空港の歴史に翻弄されてきたのである。

（栗原 景）

ダムに沈んだ駅

まれに姿を見せることもある水中に眠る駅たち

水量を調節して洪水を防いだり、水の勢いで発電したりと、様々な目的によって建設されるダム。ダムの完成によって鉄道が移転し、水没した駅は各地にある。ダムが完成すると周囲の風景は一変し、駅があった時代の面影を感じとることは難しくなる。

だが、渇水によって水位が下がると、まれに湖底から駅跡が姿を現すことがある。その姿は、まさに「遺跡」。

湖底から姿を現す廃駅として知られるのが、岩手県の横黒《おうこく》線、現在の北上線にあった大

◆国鉄横黒線

大荒沢駅 岩手県和賀郡西和賀町

開業日 1924(大正13)年10月25日
移転日 1962(昭和37)年12月1日

◆大夕張鉄道

明石町駅 北海道夕張市

開業日 1945(昭和20)年5月6日
廃止日 1973(昭和48)年12月16日

◆大井川鐵道井川線

川根唐沢駅・犬間駅 静岡県榛原郡川根本町

開業日 1959(昭和34)年8月1日
廃止日 1990(平成2)年10月2日

◆JR西日本 福塩線

八田原駅 広島県世羅郡世羅町

開業日 1963(昭和38)年10月1日
廃止日 1989(平成元)年4月20日

◆JR東日本 吾妻線

川原湯温泉駅 群馬県吾妻郡長野原町

開業日 1946(昭和21)年4月20日
廃止日 旧駅での営業を終了
2014(平成28)年9月24日

錦秋湖の湖底に現れた大荒沢駅。滅多に姿を現さないホーム（写真：平沼義之）

荒沢駅だ。1924（大正13）年に、北上線の前身である東横黒線の暫定的な終着駅として開業。鉱山などで栄えた集落で、木造駅舎と2面3線のホームのほか貨物専用ホームもあった。「阿呆列車」シリーズで知られる作家の内田百閒は、この駅を二度訪れたという。しかし、1953（昭和28）年に始まった湯田ダムの建設によって水没することになり、1962（昭和37）年、現在の路線に移転した。新線では、大荒沢は乗客を取り扱わない信号場となり、それも1970（昭和45）年に廃止された。

水没からすでに半世紀以上が経過した旧大荒沢駅だが、毎年7月から10月頃にかけて、ダム湖である錦秋湖の水位が下がると、遺構が姿を現すことがある。土や木材を重

明石町駅のホーム(上)と、駅舎とをつないでいた地下道(右)。いずれも水没前(写真：なな爺)

ねたホームは今もその姿を留め、駅舎やトイレの基礎部分も残る。ただし、年々堆積物が増えており、徐々に判別が難しくなっている。

渇水期に湖底から姿を現す駅の遺構なら、北海道・大夕張鉄道の明石町《あかしちょう》駅もある。大夕張鉄道は、三菱鉱業が運営していた大夕張炭鉱から産出する石炭を輸送した鉄道。明石町駅は炭鉱のある大夕張地区の南端に位置し、明石町〜大夕張炭山間に通勤列車も運行されていた。高校生や、夕張岳の登山者の利用もあった。

明石町駅が廃止されたのは1973(昭和48)年。大夕張炭山の閉山に伴い、鉄道が廃止されたのだ。その後も明石町駅の駅舎は病院として使われ、線路跡はサイクリングロードに転用された。

　1980年代に入ると夕張シューパロダムの建設が決定し、明石町駅跡を含む大夕張地区はほぼ全域が水没することになった。1998（平成10）年、残っていた住民が全戸移転。明石町駅周辺は無人地帯となり、駅舎も解体された。2014（平成28）年、夕張シューパロダムへの試験湛水が始まり、大夕張鉄道南大夕張〜大夕張炭山間の線路跡はシューパロ湖に沈んだ。

　明石町駅付近の線路跡は、元々満水時の水面に近い高さにあるため、夏場にはよく姿を現す。正しくは「線路跡を転用したサイクリングロードの跡」だが、明石町駅は駅舎とホームをつないでいた地下道が現存し、シューパロ湖を横断する白銀橋から観察できる。かつて商店街があった区画も見えて、ダムに沈んだ町を観察できる。近くには、大夕張鉄道最大の遺構である旭沢橋梁もあり、こちらも渇水期に水中から姿を現す。

　静岡県大井川鐵道の井川線にも、線路付替区間と廃駅がある。大井川の電源開発のために建設された専用鉄道を観光向けに転用した井川線は、長島ダムの建設によって、1990（平成2）年に川根市代（現・アプトいちしろ）〜川根長島（現・接《せっ》岨峡《そきょう》温泉）間が現在のルートに変わった。新ルート上にあるひらんだ駅は、ダム湖である接岨湖に面しているが、湖岸から数十m南の水中に、旧川根唐沢駅が眠っている。そして、ひらんだ駅から下り列車で発車すると、最初に渡る鉄橋の下に旧線跡が見える。ちょうどその辺りが、旧犬間駅があった場所だ。井川線の旧線跡は現在もレールが残っているが、堆積物のためホームの位置はわからない。

大荒沢駅や明石町駅のように、遺構を見られる駅跡は幸せだ。ダムに水没した駅のほとんどは、もう二度と人々の前に姿を現すことはない。そんな中、一部の人々の記憶に強い印象を残しているのが、根室本線滝里駅だ。滝里ダムの完成に伴うルート変更によって1991（平成3）年10月22日に廃止された駅で、1989（平成元）年に放送された、フジテレビ系列のドラマ『北の国から'89帰郷』のロケ地になった。緒形直人演じる青年の故郷という設定で、すでに全戸が移転し、何もない原野に駅舎だけが残る滝里駅が映像に残っている。現在の駅跡は滝里湖のほぼ中央に位置し、渇水期でも姿を現すことはない。

広島県の福塩線にあった八田原《はったばら》駅は、開業からわずか25年でダムに沈んだ駅だ。河佐～備後三川間には8・9㎞にわたって駅がなく、沿線の人々の要望で1963（昭和38）年10月に八田原駅が設置された。しかし、昭和40年代に入ると福山市や府中市の人口が増え、水の消費量が増えたことなどから八田原ダムの建設計画が立ち上がり、八田原駅は水没地域に含まれてしまう。1989（平成元）年4月20日、福塩線河佐～備後三川間のルートが変更され、八田原駅は廃止された。元々ホームが1本あるだけの無人駅で駅舎などはなかったが、駅名標が、芦田湖畔のサイクリングセンターに展示されている。ただし訪れる人は少なく、徐々に風化が進んでいる。

まもなくダムに沈むのが、群馬県の吾妻線にあった旧川原湯温泉駅だ。発電・治水・上水道と様々な目的に使用される八ッ場《やんば》ダム建設のため、2014年10月1日から岩島〜長野原草津口間が新ルートに変更され、川原湯温泉駅が高台に移転した。2019年現在はまだダムは建設中で、県道377号線八ッ場大橋から旧駅の敷地を見晴らすことができるが、すでに駅施設は完全に撤去され、駅の面影を感じとることはできない。今はまだ、旧駅の前後に辛うじて線路の痕跡が見えるが、湛水が始まれば、鉄道の面影は完全に消えることになるだろう。

川原湯温泉駅。2015年の時点ではホームも跨線橋も残っていた（写真：編集部）

現代の技術によって建設されたダム湖には、整然とした美しさがある。その水中に眠る廃駅は、何処か神秘的な存在だ。

（栗原 景）

阪堺電気軌道上町線

住吉公園駅

〈大阪府大阪市〉

設備更新費用がネックとなって廃止された駅

よくある鉄道クイズで「日本一早く終列車が出発する駅はどこ?」というものがある。2019(令和元)年5月現在、この答えは「JR札沼《さっしょう》線の新十津川《しんとつかわ》駅」で、その時刻は午前10時ちょうど。つまり、都会の朝ラッシュが終わったころ、この駅は一日の仕事を終えて眠りに就くのである。同駅については74ページで詳しく紹介するが、他にも利用者が極端に少なく、夜になる前に営業を終了する駅が全国のローカル線にはいくつかある。

ところで、新十津川駅が「終列車が日本一早い駅」となったのは2016(平成28)年のことで、それまでは大阪の都市部にある駅だった。それが、阪堺電気軌道の住吉公園駅である。上町《うえまち》線の終点であるにもかかわらず、ここを発着する列車は1日5往復、終列車はなんと午前8時24分に出てしまう。にわかには信じられない話だが、これにはちゃんとした理由があった。というのも、同駅から歩いて数十秒という距離には阪堺線の住吉鳥居前駅があり、また上町線の列車もほとんどが隣の住吉駅から阪堺線の我孫子道方面に直通

開業日
1913(大正2)年
7月2日

廃止日
2016(平成28)年
1月31日

新旧の車両が、時代を感じさせるホームに出入りしていた（写真：伊原 薫）

するため、住吉公園駅はラッシュ時の折り返しに使われる程度だったのである。

利用者への影響が小さい一方、今後の設備改修に多額の費用が見込まれたことから、阪堺電軌は住吉〜住吉公園間の廃線を決定。廃止間際には、ニュースなどで日本一という エピソードが紹介されたこともあり、多くの人々が訪れた。

廃止を前にした2016年の正月には、普段は同駅にやってこない超低床車両「堺トラム」が初詣客の輸送対応で入線、また最終日の終列車には日本で現役最古の車両であるモ161号車が充当され、彩りを添えた。

（伊原 薫）

ドリーム交通ドリームランド線

ドリームランド駅

〈神奈川県横浜市〉

車両の重量過多により開業1年で運行休止に

開業日
1966（昭和41）年5月2日

廃止日
1967（昭和42）年9月23日運行休止
2003（平成15）年9月18日廃止

1964（昭和39）年に開園した横浜ドリームランドは、アメリカのディズニーランドをイメージして建設された本格的な遊園地だった。しかし、横浜市西部の丘陵地帯に建設されたため、横浜や大船の市街地から遠く離れ、交通アクセスが課題だった。そこで建設されたのが、ドリームランドモノレールだ。軌道の上に車体が乗る跨座式モノレールで、国鉄大船駅近くの乗り場からドリームランドまでの5・3kmを結んで1966（昭和41）年5月2日に開業。大船〜ドリームランド間を8分で走った。

ところが、開業からまもなく、トラブルが頻発するようになった。調査の結果、車体の重量が計画よりも10t以上重く、軌道に過大な負担がかかっていたことが判明。ドリームランド線は開業からわずか1年4カ月後の1967（昭和42）年9月23日に運行休止に追い込まれた。その後、リニアモーターカーHSSTとして復活させる構想もあったが、2002（平成14）年2月に横浜ドリームランド自体が閉園。モノレールも2003（平成

15）年9月18日に正式に廃止された。

ドリームランド駅は、悲運のドリームランドモノレールの終着駅だ。構内には車両基地が併設され、車両とともに運行再開の日を待った。だが、運営主体であるドリーム交通と車両を製造した東芝との間で訴訟が始まると、証拠品である施設はメンテナンスを受けることができず、荒廃が進んだ。１９８５（昭和60）年にようやく和解が成立したが、すでに復旧できる状態ではなく、ドリームランド駅の駅舎と車両基地は１９８７（昭和62）年に解体。ホームは廃墟となって、２００６（平成18）年までに完全に撤去された。

運行休止中のドリームランド駅（1984年）

ドリームランド駅の跡地は、駐車場及び神奈川中央交通のドリームハイツバスターミナルとなり、大船や湘南台、戸塚などの各駅へバスが発着している。駅の遺構はほとんどなく、モノレールを偲ぶ記念碑などもない。

（栗原　景）

岩手開発鉄道日頃市線

長安寺駅
〈岩手県大船渡市〉

貨物輸送の〝おまけ〟だった旅客輸送

開業日
1950（昭和25）年
10月21日
廃止日
現存
※旅客営業は1992（平成4）年4月1日に廃止

今でこそ、鉄道による貨物輸送は旅客輸送の〝おまけ〟のように考えられがちだが、かつては貨物輸送も鉄道の重要な使命だった。１９６０年代には貨物輸送全体における鉄道の割合が約40％を占めていたが、道路整備が進むにつれて急激に減少。１９７５（昭和50）年には約13％、１９８５年には約５％にまで落ち込んだ。だが、鉄道の強みである長距離輸送や重量物輸送においては一定の役割を果たしており、全国にはいくつかの貨物専業鉄道が今も活躍している。

その一つが、岩手開発鉄道である。戦前に国鉄大船渡《おおふなと》線の盛駅からJR釜石線の平倉駅までを結ぶ路線として計画され、戦争による工事の中断を経て１９５０（昭和25）年に盛《さかり》～日頃市《ひころいち》間が開業。10年後には、港がある赤崎と石灰岩の採掘工場がある岩手石橋を結ぶ現在の路線が完成し、以降は石灰石輸送が主な使命となった。長大編成の貨物列車が昼夜を問わず走る一方、当初から旅客輸送は貨物輸送の〝おまけ〟的存在で、１９７０年時点でも1日5往復という少なさだった。鉄道に並行して国道の整備が進み、そこに路線バスが運行されるようになると、乗客はさらに減少。末期には1日3往復となり、しかもそのうち1往復は途中の日頃市駅で折り返していた。結局、1992（平成4）年春に旅客営業は終了。2両の旅客用ディーゼルカーはいずれも個性的な車両で、鉄道ファンの人気を集めていたが、お役御免となった。

同鉄道は貨物専業として活躍を続けており、現在も1日十数往復を運転。貨物鉄道らしく、石灰石の出荷が多い日は列車本数も増え、また工場の休業日は運休となる。交換設備がある長安寺駅と日頃市駅は、立ち入りが禁止されているものの現在も駅舎やホームが残っており、貨物輸送の〝おまけ〟にしては立派な駅舎が、道路脇から見られる。使われることのない木造駅舎と、コンクリートマクラギの軌道、そして轟音を立てて通過する貨物列車。なんともミスマッチな組み合わせが、今もなお楽しめる。

（伊原 薫）

旅客駅時代の駅舎やホームがそのままの長安寺駅。残念ながら立ち入ることはできない（写真：伊原 薫）

旅客駅は廃止になったが、貨物は盛業中

1日だけ復活した駅、普段は休んでいる駅

茨城県を走る鹿島臨海鉄道は、なかなか面白い営業形態の鉄道会社だ。現在は水戸〜鹿島サッカースタジアム（開業当時は北鹿島）間の大洗鹿島線で旅客営業を行っているが、もともと同社は名前が表す通り臨海鉄道、つまり貨物輸送を行う会社だった。1970（昭和45）年に北鹿島〜奥野谷浜間の鹿島臨海線で営業を開始し、当初は臨海部の工場への貨物輸送を目的としていたが、1978（昭和53）年の成田空港開港に際し、航空機の燃料輸送を行うこととなった。この時、地元自治体はその〝見返り〟として、旅客列車の運行を国に要請する。鹿島臨海鉄道は収支が見込めないため乗り気ではなかったものの、「しぶしぶ引き受ける」形で、鹿島神宮〜鹿島港南間で旅客営業を開始。鹿島港南駅と神栖《かみす》駅に旅客用のホームや駅舎を建設し、国鉄から譲受したキハ10形を1日3往復運行した。だが、同社の予想通り利用はほとんどなく、1日の平均利用者数はわずか20人前後という状

◆鹿島臨海鉄道 鹿島臨港線

神栖駅 茨城県神栖市

開業日 1970（昭和45）年7月21日

廃止日 現存

※旅客営業は1983（昭和58）年12月1日に廃止

◆鹿島臨海鉄道 大洗鹿島線

鹿島サッカースタジアム駅 茨城県鹿嶋市

開業日 1970（昭和45）年7月21日

廃止日 現存

上：2007年に運転された、鹿島サッカースタジアム～神栖のイベント列車。「団体」と表示。右上：鹿島サッカースタジアム駅。右下：神栖駅では下車できない。車内から駅構内を眺めるのみ（写真：編集部）

態だった。1983（昭和58）年には燃料輸送がパイプラインに切り替えられ、「しぶしぶ引き受ける」理由がなくなったことから、同年12月には早くも旅客営業を終了。わずか5年で同社は再び貨物輸送専門に戻った。

2年後の1985（昭和60）年、建設中だった水戸～北鹿島間を国鉄ではなく第三セクター会社で運営することとなり、茨城県も出資する鹿島臨海鉄道に白羽の矢が立った。同社はこの大洗鹿島線で旅客輸送を再開したが、北鹿島駅は貨物駅だったため、同駅は旅客営業を行わず、旅客列車は全てＪＲ鹿島神宮駅まで乗り入れる形を取った。自社の終点駅に列車が止まらないという、面白い現象がみられるようになったのである。近接してサッカー場が建設され、鹿島サッカースタジアム駅に改称された現在も、同駅に旅客列車が止まるのはサッカーの試合が開催されるときだけだ。ただし、同駅は臨時駅の扱いとはなっておらず、あくまでも「通常は全列車が通過する営業駅」である。これは、同駅がJRとの境界駅という性質上、臨時駅としてしまうと非営業日に同駅は〝存在しない〟ことになり、運賃計算が不可能になってしまうため。こんなところにも、同社の面白い営業形態が見え隠れしている。

大洗鹿島線の開業後も鹿島臨海線は貨物専用線のままで、神栖駅が旅客駅として使用されることはなかった。だが、2005（平成17）年に大洗鹿島線の開業20周年記念イベントの一環として、鹿島サッカースタジアム〜神栖間で旅客列車が運行されることになり、1日だけ特例で〝復活〟。この日限定とあって、同駅は多くの鉄道ファンでにぎわった。なお、この時に使用されたホームはかつての旅客営業時に使われていたホームではなく、別の場所に設けられた。

その後も何度か、同社のイベントに合わせて旅客列車が神栖駅まで運行されているが、同駅での旅客営業は行われず、乗降は不可。乗客はそのまま鹿島サッカースタジアム駅に折り返している。三たび同駅に乗客が降り立つことのできる日は来るのだろうか。その機会を待ちたい。

（伊原 薫）

第２章

廃止になったのに、元気を増した？

いまも…いや、いまこそ観光客が多く訪れる廃止駅

JR 札沼線新十津川駅（写真：伊原 薫）

JR北海道 留萌本線

増毛駅

〈北海道増毛郡増毛町〉

廃止をきっかけに注目されたニシン漁と映画の駅

開業日
1921（大正10）年
11月5日

廃止日
2016（平成28）年
12月5日

廃止となった駅が、かつて栄えていた時代の姿を取り戻し、町の玄関となって新たな観光客を呼び込む……。北海道の増毛《ましけ》駅は、そんな物語の生まれた廃駅だ。

開業当時の増毛駅は、重要な存在だった。明治末期、日露戦争の結果としてロシアから樺太を得た日本は、本土からの交通機関の整備を急いでいた。ロシアが先にシベリア鉄道を完成させて軍と物資を自由に移動させることができるようになれば、樺太と道北は再びロシアの脅威にさらされてしまうからだ。だが、内陸を通る宗谷本線の建設は難航。そこで、日本海に面した留萌《るもい》港まで鉄道を敷き、留萌～樺太間を船で結ぶことになった。ところが今度は留萌港の整備が遅れ、鉄道を増毛まで延伸して増毛港を使用することになった。1921（大正10）11月5日に、国鉄留萌本線の終着駅として開業した増毛駅は、交通の要衝となり、ニシン漁の最盛期には物流の中心地として大いに栄えた。

戦後、ニシン漁が衰退すると増毛駅は少しずつ寂れ、留萌本線は「本線」とは名ばかり

現役時代の増毛駅。1本の線路に1本の短いホーム（写真：編集部）

のローカル線となった。1981（昭和56）年には、高倉健主演で増毛を舞台とする映画『駅－STATION』が公開されて増毛駅も注目されたが、まもなく国鉄の合理化によって無人駅化。この時、開業以来の駅舎の一部が取り壊され、約半分の規模に縮小している。貨物の取扱や優等列車の発着もなくなり、1970年代からの40年間で利用者は20分の1に減った。2015（平成27）年、経営難が表面化したJR北海道が留萌本線留萌～増毛間の廃止を表明。沿線自治体も廃止に同意し、2016（平成28）年12月5日、増毛駅は鉄道駅としての役割を終えた。

しかし、増毛駅の歴史はそこで終わらなかった。地元の増毛町が旧増毛駅を「まちづくりの核」に据え、観光の拠点としてリニューアルしたのである。2018（平成30）年4月に公開された旧増毛駅は、開業当時の広さに復元され、オリジナルの柱を活かしつつ、駅周辺の歴史的建造物と調和するよう板張りの外観に改修された。駅舎内には、廃止前から地元の海産物などを販売する「孝子屋ぐるめ食品」が営業し、お土産や軽食を買えるほか、留萌本線の歴史を紹介する写真ギャラリーもある。ホームと線路はほぼ現役時代のまま保存され、今にも列車がやって来そうな雰囲気だ。線路脇には、札幌駅の大時計なども手がけた彫刻家・五十嵐威暢《たけのぶ》氏がデザインしたモニュメント『テルミヌスへの願い』が設置された。

増毛駅周辺には、ニシン漁が盛んだった時代の歴史的建造物が多い。駅前にある「風待食堂」の看板を掲げた建物は、映画『駅－STATION』のロケ地で、現在は観光案内所だ。旧増毛駅と風待食堂を拠点に2時間ほどで町を散策するツアーが人気で、観光客が急増。観光ボランティアガイドの利用者数は廃止前の2倍以上に増えたという。

なぜ、鉄道が廃止されてから増毛が賑わうようになったのか。それは、札幌から車で比較的手軽にアクセスでき、北海道の歴史と自然、そして味覚をコンパクトに体験できるというポテンシャルが、鉄道と駅の廃止をきっかけに広く知られるようになったからだ。長い間、増毛は道路交通が不便だったが、1980年代までに石狩湾沿いの国道231号が

「風待食堂」の看板を掲げる観光案内所(写真:編集部)

整備されて、札幌から2時間ほどでのアクセスが可能になった。増毛はウニ、カニなどの海産物のほかサクランボやブドウといった果物も豊富。海岸沿いの絶景を楽しみながら、歴史的な街並みや味覚を楽しむ日帰りツアーが人気となったのである。

留萌本線は、札幌とは逆方向の留萌・深川方面と接続し、本数も少なかったため、観光目的で利用するのは難しかった。しかし、かつてここが終着駅として賑わったという歴史は、多くの人の旅心を刺激する。留萌本線の廃止をきっかけに増毛に注目が集まり、地元の人々も町の歴史と魅力を見直した。失われた駅が、再び町の玄関となったのである。

(栗原 景)

国鉄美幸線

仁宇布駅

〈北海道中川郡美深町〉

鉄道時代よりも賑わう「トロッコ王国」

宗谷本線の美深《びふか》駅と仁宇布《にうぷ》駅を結んでいた国鉄美幸《びこう》線は、「日本一の赤字路線」として有名だった。１９７９（昭和54）年度の営業係数（売上１００円あたりの経費割合）は１９１７。ひどい時は４０００を超えることもあった。沿線の美深町は「日本一の赤字路線」を逆手にとって、東京・銀座で入場券を販売するといったキャンペーンを行ったが、結局１９８５（昭和60）年９月に廃止された。

その終着、仁宇布駅が蘇ったのは、廃止から13年が経過した１９９８（平成10）年７月のことだった。美幸線の線路跡は美深町に譲渡された後、撤去されることなく放置されていたが、地元の有志が線路保守用のトロッコを改造して観光用に走らせることを発案。町から敷地を無償で借り、旧仁宇布駅から片道約５kmの線路を往復できる「トロッコ王国美深」としてオープンしたのである。

今では各地に廃線跡を活用した観光トロッコが存在するが、「トロッコ王国美深」はそ

開業日
1964（昭和39）年
10月5日

廃止日
1985（昭和60）年
9月17日

上：「トロッコ王国」となった仁宇布駅跡。右：美幸線の記念碑もある（写真:編集部）

のパイオニア的存在だ。トロッコはエンジンを搭載しており、最高速度は時速20km以上。このため、運転には普通運転免許が必要だ。免許がなければ、係員が運転するトロッコに乗車できる。交通が不便な場所ながら、往復10km、約40分も本物のレールの上を運転できるとあって、今では年間約1万人もの観光客が訪れる人気の観光地となった（営業は4月末から10月まで）。

駅舎があった場所には、ログハウス風の建物があり、「コタンコロ・カムイ駅（アイヌ語でシマフクロウの意）」を名乗る。美幸線時代末期の仁宇布駅の利用者は、年間7000人ほど。コタンコロ・カムイ駅は美幸線の記憶を受け継ぎながら、鉄道時代以上の賑わいを見せている。

（栗原　景）

「愛の国から幸福へ」車で訪ねる駅の先駆け？

"駅名ブーム"の火付け役は現在も大人気

廃止になった駅がその後も観光名所として長く愛されている例は、全国にいくつもあるが、その中で一番有名なのは間違いなく、国鉄広尾線の愛国駅と幸福駅だろう。

2駅を一躍有名にしたのは、1973（昭和48）年に放送されたテレビ番組である。縁起のいい駅名ということで、同駅を発着駅とする切符が飛ぶように売れた。特に、愛国から幸福ゆきのきっぷは、放送から5年後の1978（昭和53）年には累計売上枚数が1000万枚を突破。「愛の国から幸福へ」というタイトルの歌謡曲も出たほどで、その名は日本中に知れ渡った。

だが、この爆発的ブームも長くは続かなかった。ブームの最盛期でも両駅を列車で訪れる人は多くはおらず、広尾線は国鉄が分割民営化する直前の1987（昭和62）年2月に廃線となる。両駅は本来の役目を終えたものの、観光スポットとして駅舎やホームが残さ

◆国鉄 広尾線

愛国駅 北海道帯広市

開業日 1929（昭和4）年11月2日
廃止日 1987（昭和62）年2月2日

◆国鉄 広尾線

幸福駅 北海道帯広市

開業日 1956（昭和31）年11月1日
廃止日 1987（昭和62）年2月2日

れ、愛国駅にはＳＬが、幸福駅にはディーゼルカーなどが保存されている。
そして廃線から30年以上が経つ今、両駅の観光スポットとしての魅力はいまだ衰えていない。老朽化していた幸福駅の駅舎は、２０１３（平成25）年に建替えられ、保存車両も手入れが行き届いていて状態は良好だ。近くの売店ではレプリカのきっぷが販売されているほか、両駅をモチーフにしたキャラクターも登場。２０１６（平成28）年には台湾鉄路管理局の合興駅との姉妹駅協定も締結された。

老朽化のために一部建て替えられる前の幸福駅。内外に無数のきっぷや名刺が貼り付けられていた（写真：編集部）

令和の時代になり、廃止前より廃止後の期間が長くなってもなお愛され続ける両駅は、かなりの幸せ者である。駅名をきっかけとした観光振興の先陣を切ったという点で、両駅の功績は大きいといえるだろう。

（伊原 薫）

JR北海道 標津線

中標津駅

〈北海道標津郡中標津町〉

平成初期に失われた駅は今も町の元気を支える

開業日
1914（大正3）年
10月1日

廃止日
1989（平成元）年
4月30日

鉄道が廃止されると沿線の過疎化が進むという説がある。だが、これは必ずしも正しくない。都会から離れた場所にありながら、駅と鉄道が失われた後も人口が増え続けた町がある。北海道東部の中標津町《なかしべつ》だ。その中心には、JR標津線中標津駅があった。標津線は、標茶《しべちゃ》〜根室標津間と、途中の中標津から分岐して根室本線の厚床《あっとこ》に至る支線から成る、全長116・9kmの路線だった。国鉄再建法に基づく第二次廃止対象路線に選ばれ、JR化後の1989（平成元）年4月30日に廃止された。

中標津駅は、標津線の支線が分岐する交通の要衝だった。しかし、標津線が廃止された後も町の人口は増え続けた。廃止前の1980（昭和55）年に2万1187人だった人口は、22年後の2012（平成24）年には2万4361人。3000人以上も増えたのだ。近年は減少に転じているものの、近い将来、根室市と人口が逆転するといわれている。

中標津町が元気な理由はいくつかある。中でも、釧路、根室、網走といった道東の主要都市からアクセスしやすい場所で道路がよく整備されていることと、市街地のすぐ北に中標津空港があることが大きい。札幌や東京と直結し、周辺都市への移動も便利とあって、若い世代が定着している。

廃止直前の中標津駅（写真：TangoDiscovery CC-BY-SA-3.0）

中標津に空港があるのは、中標津駅があったからだ。1965（昭和40）年、民間機の就航地が別海《べつかい》町の西春別《にししゅんべつ》空港（現・陸上自衛隊計根別《けねべつ》飛行場）から中標津空港に移った。中標津のほうが、標津線と根室本線を経由して、根室支庁（現根室振興局）の中心地である根室市にアクセスしやすかったのである。

中標津駅の跡地は中標津交通センターとなり、周辺都市や空港へのバスが発着している。標津線の資料室もあり、バス会社の職員に申し出ると、中標津駅の駅名標などの資料を見学できる。

中標津町の元気の源には、今は亡き中標津駅がある。

（栗原 景）

JR北海道 札沼線

新十津川駅

〈北海道樺戸郡新十津川町〉

まもなく見納めの「日本一終列車の早い駅」

北海道の鉄道が岐路に立たされている。最盛期に約4000kmあった北海道の路線網は、国鉄末期から減少の一途をたどり、JR発足後も12路線（一部区間の廃止を含む）が廃止された。この3年間でも、北海道新幹線の開業に伴って江差線が道南いさりび鉄道に転換したほか、留萌本線の留萌～増毛間や石勝線夕張支線が廃止。そして2020（令和2）年春、札沼《さっしょう》線の北海道医療大学～新十津川《しんとつかわ》間がその役目を終える。

札沼線という名称は、もともと同線が札幌と石狩沼田を結んでいたことに由来する。戦時中に一部区間が休止したものの、戦後に順次復旧。だが利用者が減少したことから、1972（昭和47）年に新十津川～石狩沼田間が廃線となった。その後、沿線への大学進出や札幌のベッドタウン化で南側の区間は発展を遂げ、2012（平成24）年には北海道医療大学駅まで電化。一方で、同駅以北は近代化の波から取り残された。終点である新十津川駅を発着する列車は、午前9時28分に到着し午前10時ちょうどに出発する1本のみ。現

開業日
1931（昭和6）年
10月10日

廃止日
2020（令和2）年
5月7日（予定）

在「日本一早く終列車が出発する駅」として知られている。

そんな状態の同駅、周辺はさぞかし何もないのだろう……と思いきや、実は意外と栄えている。駅前にはリハビリ施設や保育所も備えた病院があり、平日は1日1本の列車に乗って診療に訪れるお年寄りも多い。また新十津川町役場も近く、周辺は住宅地が広がっていて、とても廃線になるような雰囲気ではない。

では、なぜ廃線になるのか。その答えは、ほぼ路線に沿って走る石狩川を渡ればよく分かる。その向こうは空知地方で有数の規模を誇る滝川市で、数km先にある滝川駅からは頻繁に特急列車が出ており、1時間足らずで札幌駅に行くことができる。つまり、この地域の人々は、札沼線を使う必要がほとんどないのだ。JR北海道は「鉄道よりも他の交通手段のほうが適している」とし、廃線後の代替バス運行などに補助を行うことを決定。沿線自治体もこれを受け入れた形である。

あとわずかでその歴史を閉じる、新十津川駅。廃止後の活用方法は決まっていないが、地域のシンボルとしてこれからも愛されることを願う。

（伊原 薫）

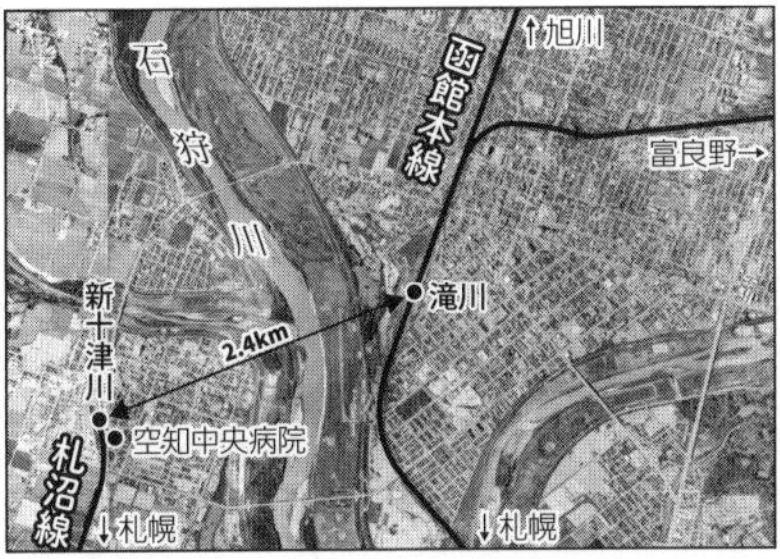

航空写真で見ると、新十津川駅周辺も滝川の市街地であることがよくわかる（地理院地図・航空写真より）

日立電鉄

久慈浜駅〈茨城県日立市〉

バス乗降場と図書館に再生した地域の玄関

茨城県日立市にある市立南部図書館。船をイメージした建物に隣接してバス停があり、その片隅に「久慈浜《くじはま》」と書かれた駅名標とレールが展示されている。

ここは、常北太田駅と鮎川駅とを結び、2005（平成17）年3月末限りで廃止された日立電鉄の久慈浜駅跡だ。図書館として再出発したのは2013（平成25）年4月。ほぼ同時に、日立電鉄の線路跡を活用した「ひたちBRT」が開業した。

「BRT」とは、「バス・ラピッド・トランジット」の略で、「バス高速輸送機関」を意味する。専用の道路やレーンを走行し、停留所には乗車券販売機を設ける。渋滞知らずなうえ、乗車前にきっぷを購入するので乗降に手間取ることも少なく、高い定時運行性と高速性を備える次世代バス交通システムだ。日本では、東日本大震災によって津波被害を受けたJR気仙沼《けせんぬま》線・大船渡《おおふなと》線が迅速な復旧のためにBRTを選択した事例が知られる。だが本来は、バスの柔軟性と鉄道の利便性を兼ね備えたリーズナブルな都市交通で、南米など

開業日
1928（昭和3）年
12月27日

廃止日
2005（平成17）年
4月1日

右のボードは日立電鉄の電車をイメージしたデザイン（写真：栗原 景）

世界各地で実用化されている。
ひたちBRTは、そんな本来のBRTに近いシステムとして誕生した。その背景には、日立市特有の事情がある。
日立市は多賀山地と太平洋に挟まれた、幅3kmほどの狭い平地に市街地と幹線道路が密集している。このため、慢性的に道路渋滞が激しく、日立電鉄は渋滞知らずの公共交通として活躍していた。しかし2003（平成15）年、日立電鉄は利用者の減少などを理由に全線廃止を表明。親会社である日立製作所が赤字決算を出し、不採算部門の整理に乗り出したためだった。日立製作所の企業城下町である日立市では、本社の意向に逆らうことは難しい。日立電鉄はあっさりと廃止されてしまった。

ところが、日立電鉄の廃止は、明らかに拙速だった。市街地が細長い地域に密集し、幹線道路が少ない日立市で、通勤・通学輸送を道路交通だけでまかなうのは無理があったのだ。道路渋滞は激しさを増し、代替バスは定時運行がほとんどできなくなった。代替バスの利用者は、初年度から鉄道時代の三分の一に落ち込んだ。

そこで打ち出されたのが、ＢＲＴ構想だ。日立電鉄線跡のうち、久慈浜～鮎川間の大部分の線路跡をバス専用道に転用し、将来は鮎川から３㎞北にある日立駅まで、市の南北を縦断するバスルートを整備するというもの。このうち、第一期区間として２０１３年３月25日に大甕《おおみか》～久慈浜～おさかなセンター間が開業した。久慈浜駅が、市立南部図書館として生まれ変わったのも、この時だ（開館は4月24日）。

久慈浜駅の駅舎は失われたが、駅名標やレールなどが保存展示され、日立電鉄の歴史を記した案内板も掲示されている。バス停の横には、日立電鉄の電車を模したボードが設置され、窓の部分が掲示板になっている。また、ＢＲＴ利用者のための駐車場が19台分確保され、無料で自家用車を置いてＢＲＴを利用できる「パーク＆バスライド」が実施されている。公共交通での通勤を促し、市中心部の交通渋滞を緩和させることが目的だ。日立電鉄の廃止以来、旧久慈浜駅周辺は路線バスも幹線道路も少ない不便な町となっていたが、今は再び多くの人が集まる地域の玄関として再生しつつある。

バス専用のロータリーが設けられ、安全に乗降できる（写真：栗原 景）

ひたちBRTは、第一期開業以来順調に利用者を伸ばし、2018（平成30）年に第二期区間の常陸多賀〜大甕間が暫定開業。2019（平成31）年4月には河原子《かわらご》〜大甕間の専用道が完成し、JR常磐線常陸多賀駅からおさかなセンターまでを、ほぼ渋滞知らずで移動できるようになった。停留所は鉄道時代の2倍以上に増え、専用道には安全な歩道も設けられた。ひたちBRTは、市民にとってなくてはならない足となったのである。

今後は、旧河原子駅から旧鮎川駅を経て、JR日立駅までの第三期区間に着手する。鉄道もなし得なかった日立駅直通を果たせば、「久慈浜駅」は鉄道時代以上に便利になるだろう。

（栗原 景）

のと鉄道能登線

恋路駅

〈石川県鳳珠郡能登町〉

酒造会社がレールバイクを走らせる

創業250年の酒蔵が護る駅。それが、旧のと鉄道能登線の廃駅、恋路駅だ。石川県の能登半島東部、愛しあう二人が結ばれないまま命を失った悲恋伝説のある恋路海岸の最寄り駅。全国的にも珍しい、駅名に「恋」を含む縁起のいい駅として知られた。

のと鉄道能登線は、穴水《あなみず》駅と蛸島《たこじま》駅を結んでいた、全長61kmの路線だ。「日本最後の秘境」ともいわれた奥能登ブームを背景に、1964（昭和39）年、国鉄能登線として全通。1988（昭和63）年に第三セクターののと鉄道に移管した。一時は観光客で賑わったものの、周辺道路の整備や過疎化によって乗客が減少し、2005（平成17）年に全線が廃止。恋路駅も、この時41年の歴史の幕を閉じた。レールはまもなく撤去されたが、ホームと路盤跡はそのまま残された。

転機が訪れたのは、2011（平成23）年のことだ。恋路駅の近くにある酒蔵、宗玄酒造が、製品の熟成・貯蔵庫として活用しようと社屋の裏にあった旧宗玄トンネルを買い取

開業日
1964（昭和39）年
9月21日

廃止日
2005（平成17）年
4月1日

った。この時、トンネルから旧恋路駅までの線路用地も同時に引き取ったのである。

自転車のように足で漕ぐレールバイク「のトロ」（写真：栗原 景）

２０１３（平成25）年、奥能登に観光客を呼び込むきっかけにしようと、恋路駅から宗玄トンネル入口までの約３００ｍにレールが敷かれ、観光レールバイク「奥のとトロッコ鉄道『のトロ』」の営業が始まった。４人乗り×２両連結の電動アシスト付きレールバイク。距離は短いが、恋路海岸の景色をたっぷり楽しめると人気だ。

旧宗玄トンネルは、宗玄酒造の「隧道蔵」になった。貯蔵酒を６本以上選び、代金と年間維持管理費を支払うと、隧道蔵オーナー倶楽部に入会してトンネルに入れる仕組みだ。

蘇った恋路駅には、恋路海岸の絶景と日本酒に魅せられた人たちが、今も集っている。

（栗原 景）

神岡鉄道

奥飛騨温泉口駅

〈岐阜県飛騨市〉

自転車改造の「レールバイク」の一大拠点に

開業日
1966（昭和41）年
10月6日

廃止日
2006（平成18）年
12月1日

富山県との県境に近い、神岡の地に国鉄の列車が走り始めたのは、1966（昭和41）年のこと。だが、それ以前にも神岡へ至る鉄道は存在した。神岡鉱山では、江戸時代から亜鉛や鉛の採掘が行われており、この鉱石を運ぶ手段として、明治から大正にかけて神岡軌道が建設された。当初は神岡から笹津まで路線を延ばしていたが、富山から猪谷《いのたに》まで国鉄飛越《ひえつ》線（現JR高山本線）が開通すると、神岡軌道は猪谷駅で接続。鉱石に加えて木材や旅客も輸送するようになり、神岡鉱山の発展に大きく寄与した。だが、国鉄が神岡線の建設を決定したことから、1967年までに全線が廃止された。

神岡軌道に代わって貨物輸送を担うことになった国鉄神岡線は、飛騨の険しい山並みや高原川が形成した深い谷を越えて最短ルートで結ぶため、全線の6割以上がトンネルや橋梁で、「奥飛騨の地下鉄」との異名をとった。貨物輸送は堅調に推移していたのに対し、旅客の需要は開業当初から低調で、開業から15年後の1981年には早くも廃止対象路線に。1984（昭和59）年には、三陸鉄道に続く日本で2番目の第三セクター鉄道として、神岡鉄道へと運営がバトンタッチされた。だが、徹底的な合理化もむなしく、神岡鉄道の乗客は減少の一途をたどる。開業当初でも旅客列車が1日8往復しかなく、また富山方面へ行くには猪谷駅で高山本線への乗り換えが必要となる一方、ほぼ並行して走る国道41号の整備が進められたことから、バスやマイカーに乗客をさらに奪われていった。

実現しなかったものの、タンク車を改造するという奇抜な企画もあった（写真：伊原 薫）

そんななか、経営の支えとなっていた貨物輸送は、鉱石から精錬の副産物である硫酸へと積み荷が変化。特に道路が凍結する冬場は、危険物ということもあってトラックによる運搬が忌避され、長らく鉄道が輸送の中心となっていた。しかし、こちらも道路整備がほぼ完了した2004（平成16）年にトラック輸送へと切り替えられ、神岡鉄道は屋台骨を失ってしまう。1日の乗客が少ない時で数十人という状況では、もはや鉄道の維持は困難だった。神岡鉄道では、タンク貨車を改造したトロッコ列車の運行などを計画し、実際に車両の改造にも着手したものの、途中でとん挫。２００６年の冬の訪れとともに廃止され、終着駅である奥飛騨温泉口駅も、40年の歴史に幕を下ろした。

ところが、この前後から神岡鉄道は数奇な運命をたどることになる。廃止直前の２００６年９月、地元自治体である飛騨市の市長が「廃線跡を利用して観光鉄道を走らせたい」との意向を表明。神岡鉄道の親会社である三井金属鉱業から、資金供出や施設譲渡などの支援も取り付けた。鉄路の復活が現実味を帯びてきた矢先、市長選挙で観光鉄道計画に異を唱える新人候補が当選し、構想は再び闇へと消えてしまう。

そうした状況のなか、この鉄道遺産を町のシンボルと位置付け、活用しようという地元の有志が、２００７年に線路を走る自転車「レールマウンテンバイク」を製作。奥飛騨温泉口駅を拠点とし、約３㎞の廃線跡を運行する取り組みがスタートした。森やトンネルの中を、レールのジョイント音を響かせながら走るという体験は、徐々に注目を集めるようになり、今ではトップシーズンには予約が取りにくい状況に。奥飛騨エリア有数の観光施設へと生まれかわった。

そして２０１７（平成29）年、ついに本物の「列車」が神岡に帰ってきた。廃線跡を観光資源として更に活用するため、２０１６年に飛騨市は「ロスト・ライン・パーク条例」

を制定。その一環として、かつて神岡鉄道で活躍していた気動車「おくひだ号」を復活運行させたのである。4月8日午前10時、「ただいま」と書かれたヘッドマークをつけた気動車は、長らく眠りについていた神岡鉱山前駅を高らかな汽笛の音とともに発車。大勢の人々に見守られながら、10年以上ぶりに奥飛騨温泉口駅まで走った。以来、レールマウンテンバイクの運行時期（4～11月）には奥飛騨温泉口駅で展示されているほか、運転体験も年に数回実施。そのエンジン音を奥飛騨の山間に響かせている。

帰ってきた「おくひだ号」は熱烈な歓迎を受けた（写真：伊原 薫）

　レールマウンテンバイクの事務所として使われている駅舎の隣には、国鉄時代に建てられた旧駅舎が、喫茶店として残る。店先で焙煎されているコーヒーの豊かな香りは、廃線前も今も変わっていない。

（伊原 薫）

神岡鉄道

神岡鉱山前駅〈岐阜県飛驒市〉

廃止後も町の営みを見届け続ける駅

開業日
1966（昭和41）年
10月6日

廃止日
2006（平成18）年
12月1日

古くは奈良時代から亜鉛や鉛が採掘されていたともいわれる神岡は、江戸時代には銀の採掘もおこなわれるなど、発展を見せた。明治時代に入ると三井財閥がエリア全体の採掘権を取得し、当時最先端の技術を駆使した大規模な採掘を開始。これに伴って町には多くの関係者が居住し、大いに発展した。最盛期の1960年代には人口が約2万8000人を数え、1966（昭和41）年には鉱山直営の神岡軌道に代わって国鉄神岡線が開業している。

もともと神岡線は貨物輸送を主な任務としていたため、旅客列車は開業時点で1日6往復と少なかった。1981（昭和56）年には特定地方交通線として廃止対象に挙げられたものの、一定の貨物需要があったために第三セクター鉄道として存続された。

この貨物輸送の中心となっていたのが、第三セクター化と同時に神岡口駅から改称された、神岡鉱山前駅だ。山の斜面を切り開いた構内は広く、その中央に1本のホームが設けられ、片側は旅客用として、反対側は車庫線として使われていた。他に数本のヤード線があり、猪谷《いのたに》方面から来た貨物列車はここから神岡鉱山の構内に続く引込線へと折り返していった。「おくひだ号」と名付けられた気動車や神岡鉄道の所有するディーゼル機関車に加え、ＪＲ貨物のＤＥ10形ディーゼル機関車や貨車が頻繁に出入りし、荷物が多い日は重連で運転されるなど、地方の第三セクター鉄道とは思えぬ活況を呈し、訪れる鉄道ファンも多かった。

復活した「おくひだ号」が、神岡鉱山前駅で出発を待つ（写真：伊原 薫）

その貨物輸送も、２００４（平成16）年に鉄道からトラックに切り替えられたことで、神岡鉄道は経営が成り立たなくなり、２００６年に廃線された。「おくひだ号」は大切に保存され、２０１７（平成29）年からは奥飛騨温泉口駅で展示のため自走したり、運転体験に使われるなど活躍。神岡鉱山前駅も、その拠点として使われている。

最盛期から人は減ったとはいえ、神岡の町には今も１万人を超える人々が住む。採掘が終了した鉱山では、リサイクル事業が行われているほか、研究施設「カミオカンデ」「スーパーカミオカンデ」などに転用。この地を走る鉄道の栄枯盛衰とは関係なく、世界の最先端をひた走っている。（伊原 薫）

ルート変更後、新たな役割を得た旧線跡地

川沿いを走り、役目を終えた2駅の〝その後〟

◆JR 西日本 山陰本線

保津峡駅 京都府京都市西京区

開業日 1929(昭和4)年8月17日
廃止日 1989(平成元)年3月5日
※新線への切替日

◆JR 西日本 福知山線

武田尾駅 兵庫県宝塚市

開業日 1899(明治32)年1月25日
廃止日 1986年(昭和61)年8月1日
※新線への切替日

まだ土木技術が発達していなかったころ、山間部を走る鉄道は川に沿って建設されることが多かった。川沿いは大きなアップダウンがなく、長大トンネルを掘らずに済むからである。こうした路線は眺めのよい区間が多い反面、急カーブが多く、また限られたスペースに建設するため複線化や電化が困難となりがちである。水害の影響を受けやすいこともあって、後にこうした改良工事を行うにあたり、川沿いのルートからトンネルで山々を貫くルートに変更する例が増えた。

JR山陰本線の嵯峨《さが》（現・嵯峨嵐山）～馬堀間もその一つである。京都盆地と亀岡盆地に挟まれたこの区間は、保津川が蛇行しながら深い渓谷を刻んでおり、川下り観光が有名である。鉄道もこの川沿いに建設され、風光明媚な車窓が人気を集めていたが、1979（昭和54）年に京都～園部間の複線電化が決定すると、この区間はトンネルによる短絡ルー

トを新たに建設することになった。新線は1989（平成元）年に完成し、同区間の距離は1・6km短縮。同時に、途中にあった保津峡駅も保津川を跨ぐ鉄橋上に移設された。

新線への切替によって役目を終えた旧線は、その景色のよさから観光鉄道として存続させてほしいという要望がJR西日本に寄せられた。

嵯峨野観光鉄道となった旧線の保津峡駅（写真：伊原 薫）

そこで同社は、翌1990（平成2）年に嵯峨野観光鉄道を設立。貨車を改造したトロッコ客車をディーゼル機関車で運行することにした。旧線の線路も再整備するとともに、新線との接続部分には新駅を設置。もともと交換可能な2面2線構造だった旧保津峡駅は、川側の線路を撤去した1面1線へと改められ、引き続き使用されることになった。駅舎と対岸の道路を結ぶ吊り橋や、京都方にあった跨線橋など、随所に現役時代の面影が残っている。ホームにはタヌキの焼き物が置かれ、乗客を和ませてくれるほか、社員自らが沿線で桜を植樹し余分な草木を伐採するなど、魅力アップに努めている。その甲斐もあって、開業から28年を迎えた今も高い乗車率をキープ。近年は外国人観光客も増え、京都の観光スポットとしてすっかり定着した。

この山陰本線の事例と対照的なのが、福知山線の生瀬《なまぜ》〜道場《どうじょう》間である。もともと武庫川に沿って建設されたこの区間は山陰本線と同様に急カーブが連続。普通列車は1980（昭和55）年ごろまで1時間に1本程度で、ディーゼルカーや客車列車がのんびり走る路線だった。だが、沿線の宅地開発が急速に進んだことから、翌1981年に宝塚駅までの複線電化が完成したのに続き、宝塚以北も複線電化が決定。これに合わせて、生瀬〜道場間はトンネルでショートカットする新線が建設されることになった。工事は国鉄分割民営化前年の1986（昭和61）年秋に完成し、現在は日中に1時間当たり快速列車2本、普通列車4本が走る通勤路線へと生まれ変わった。

廃止された旧線区間は、山陰本線のように観光鉄道化されることなく、そのまま放置され、安全が確保できないことから立ち入りも禁止されていた。だが、眺めがよく大きなアップダウンもないことから、ハイキングに訪れる人が次第に増加。そこで、地元の西宮市と宝塚市はJR西日本と協議を続け、生瀬〜武田尾間に最低限の整備を行ったうえで、あくまでも利用者の自己責任による遊歩道として開放することになった。新線と旧線がクロスする武田尾駅の付近は、交換設備があった旧駅の敷地を利用して駐車場やバス停、公衆トイレなども設置された。２０１６（平成28）年に開放が始まると、大都市から手軽に行けるハイキングコースとして多くのメディアに取り上げられ、鉄橋やトンネルが残る廃線跡の雰囲気を楽しめるとともに、春は桜、秋は紅葉が見られるスポットとして、その人気は年々増している。

武田尾付近のハイキングコース。埋められた枕木が廃線跡らしい（写真：編集部）

　ともに川沿いに建設され、同じような経緯で廃止されながら、かたや観光鉄道として現在も鉄道が走り、かたやハイキングコースとなった二つの路線。国鉄からＪＲへの転換期という、わずかなタイミングの違いなどが運命を分けたが、両者に共通しているのは、本来の役目を終えてなお、多くの人を魅了し、ひきつける存在だという点だ。そして、それぞれの中間にある二つの旧駅もまた、引き続き大きな役割を果たしている。

（伊原 薫）

JR西日本 山陰本線

餘部駅
〈兵庫県美方郡香美町〉

使命を終えた旧橋梁を利用した「空の駅」

鉄道ファンの間で、撮影名所として知られている山陰本線の余部《あまるべ》橋梁。現在の橋梁は2010（平成22）年に使用を開始した2代目だが、それまでは1912（明治45）年に完成した鉄橋が約1世紀にわたって使われていた。鋼材を組み合わせた11基の橋脚が橋げたを支える「トレッスル橋」と呼ばれる構造で、部材はアメリカやドイツから輸入し、現地まで船や列車で運搬。延べ25万人が工事に携わったといわれている。余部橋梁の完成により、山陰本線は京都～出雲今市（現出雲市）間がつながり、それまで船に頼っていた人やモノの流れを大きく変えた。

だが、この当時まだ餘部《あまるべ》駅は存在しなかった。住民は列車に乗るために、この鉄橋を渡って隣の鎧《よろい》駅まで歩かなければならず、不便かつ危険だったことから、国鉄に駅の設置を何度も要請。その成果が実り、1959（昭和34）年に駅が開業した。建設に際しては、ホームや階段で使われる石材を地元の人々が運んだという記録が残っている。

開業日
1959（昭和34）年
4月16日

廃止日
現存

この地区は海風が吹き抜け、鋼材を侵食することから、鉄橋は念入りな保守が行われていた。だが、1986（昭和61）年にはこの海風によって鉄橋から列車が転落するという事故が発生。対策として風速による運転規制が強化され、列車の運休が増えたこともあって、橋梁の架け替えが決定した。新橋梁はコンクリート製で、旧鉄橋と並行するように建設され、トンネルと接する東側はS字カーブを描く構造となっている。架け替えと並行して、餘部駅は線路やホームを移設し、待合室も設置された。

旧橋梁の上を歩けるように整備され、人気のドライブ休憩スポットに（写真：伊原 薫）

こうして餘部駅と余部橋梁が生まれ変わった後、もう一つの〝駅〟が誕生した。それは2013（平成25）年に完成した観光施設「空の駅」で、旧鉄橋の橋脚や橋げたのうち餘部駅側の一部を残し、展望デッキとして整備。4年後にはエレベーターも設置された。新旧の橋梁を間近で見られるのはもちろん、日本海を眺める絶好のスポットとして、多くの観光客が訪れる。中には、ここまで観光バスで来て「空の駅」を楽しんだ後、列車に乗って余部橋梁を渡るという人もいて、鉄道利用にも貢献している。

（伊原 薫）

JR西日本 可部線

三段峡駅

〈広島県山県郡安芸太田町〉

海外ガイドブックで三ツ星獲得！ 外国人観光客急増中

開業日
1969（昭和44）年
7月27日

廃止日
2003（平成15）年
12月1日

山陽エリアと山陰エリアを結ぶ鉄道路線、いわゆる「陰陽連絡路線」は、古くから各地で計画されていた。現在、陰陽連絡路線とされている7ルートのうち、6ルート（播但線、姫新線～因美線、津山線～因美線、伯備線、芸備線～木次線、山口線）は戦前に完成。高度経済成長期には、多くの路線で優等列車が運行され、重要な役割を担った。このうち伯備線は、両エリア有数の大都市である岡山と米子を他の路線より短い距離で結んでいることから、後に陰陽連絡のメインルートと目され、国鉄末期には全線が電化。カーブを高速で通過可能な381系振り子式特急電車も導入されるなど、大きな役割を担ってきた。また、1987（昭和62）年には残る1ルートを構成する智頭急行が開業し、こちらも高性能なHOT7000系振り子式気動車が活躍を見せている。その一方で、残る5ルートは徐々に陰陽連絡路線としての役割を失い、近代化・高速化の波に取り残されることとなった。現在、播但線と山口線では特急列車が運行されているものの、他のルートはその存続も危ぶまれ

廃止の日の三段峡駅。十数年後、外国人客が急増するとは…（写真：伊原 薫）

るほどである。

　ところで、陰陽連絡路線には計画段階でとん挫し、実現しなかったルートもいくつか存在する。その一つが、広島と浜田を結ぶルートであり、その一翼を担うはずだったのが可部線だ。

　もともと可部線は、明治時代に民営の軽便鉄道として横川～可部間が開業した。後に改軌や電化を経て、1936（昭和11）年に国有化。この時すでに、広島から加《か》計《け》・三段峡を経て浜田に至る構想があり、国有化される前の運営会社は、広島と浜田を意味する「広浜《こうひん》鉄道」を名乗っていた。戦後の1954（昭和29）年には加計まで延伸したが、この区間の乗客は低調で、1968（昭和43）年には「赤字83線」と呼ばれる廃止候補に挙げられ、早くも廃止の危機がやってくる。これに対し、広島～浜田ルートが完成すれば利便性は向上し、乗客も増えるとして、国は建設を続行。翌1969（昭和44）年に加計～三段峡間が開業し、数年後にはその先の工事も始まった。だが、1985（昭和60）年に国鉄再建法が成立したことで、工事はストップ。山陰へ抜けるという夢は、幻となった。

そうなると、次の問題は残された区間をどうするか、である。広島のベッドタウンとして発展を遂げた横川～可部間に対し、非電化の可部～三段峡間はもともと需要の見込みが薄く、昼間は列車が数時間こない時間帯もあった。また、三段峡駅はその名の通り、景勝地・三段峡の玄関口であったが、ここを訪れる観光客はほとんどがマイカーまたはバスを利用しており、鉄道を使う人はまれだった。沿線では反対運動が起こる一方、「鉄道がなくなっても観光客は減らない」という声も多く、ついに2003（平成15）年、可部～三段峡間は廃止。三段峡駅はわずか34年という短い「人生」を終えた。

廃線後も変わらないと思われた観光客数は、しかし徐々に低下していった。原因の一端は、鉄道が廃止されたことで地図から線路や駅が消えたほか、例えば各駅の運賃表から「三段峡」という文字を見ることがなくなり、認知度が下がったためともいわれている。鉄道が、人やモノの移動だけでなく、様々な面で地域に貢献しているということの表れだ

フランスのガイドブックで三ツ星を獲得した三段峡（写真提供：広島県）

ろう。地元の観光協会などは、あらゆる手を尽くして魅力アップやPRを行うことになる。そんななか、2015年に、フランスのガイドブックに原爆ドームや宮島と並んで最高格の「三ツ星」で掲載されたことで、欧州からの観光客が増え始めた。

現在、三段峡駅前は駅跡地を利用した交流施設などが建設され、三段峡観光の拠点として再整備された。2016（平成28）年度には、国土交通省の「地域資源を活用した観光地魅力創造事業」に三段峡の取り組みが選ばれるなど、注目を集めている。さらに付近一帯では、神楽を体験できるツアーなども開催されており、近年は外国人観光客にも人気のスポットになっている。

（伊原　薫）

高千穂鉄道高千穂線

高千穂駅

〈宮崎県西臼杵郡高千穂町〉

突然の休止から神話の里を駆ける観光鉄道に

開業日
1972（昭和47）年
7月22日

廃止日
2005（平成17）年9月6日
台風被害により休止
2008（平成20）年
12月28日

ある日突然鉄道が失われ、終着駅に車両が取り残された……。宮崎県の高千穂鉄道高千穂駅は、そんな運命から立ち直った「廃駅」だ。

2005（平成17）年9月6日に長崎県天草地方に上陸した、平成17年台風14号。宮崎県の第三セクター、高千穂鉄道では、第一五ヶ瀬《ごかせ》川橋梁など二つの橋梁が流失したのをはじめ、全線に壊滅的な被害を受けた。復旧にかかる費用は26億円以上と試算され、会社は復旧を断念。その後、地元の人々や企業によって根強い復旧運動が行われたが、結局2008（平成20）年12月28日付で正式に全線が廃止された。

高千穂駅は、その高千穂鉄道の終着駅だった駅だ。夜神楽で知られる高千穂神社のある高千穂町に位置し、今も現役時代の姿を保っている。ここは現在、「高千穂あまてらす鉄道株式会社」による「グランドスーパーカート」の拠点だ。これは2500ccのディーゼルエンジンを搭載する30人乗りの自走車両で、高千穂鉄道の線路を約2・5km走って、高

日本一高い鉄道橋・高千穂橋梁（写真：栗原 景）

千穂橋梁を渡ることができる。高千穂橋梁は、水面からの高さが105m。現役当時は、日本一高い鉄道橋として知られた。オープンエアのグランドスーパーカートは橋梁の中央で停車し、360度の絶景を楽しめる。

高千穂あまてらす鉄道は、高千穂鉄道の復活を目指して設立された「神話高千穂トロッコ鉄道」が前身だ。日之影温泉〜高千穂間を観光鉄道として運行し、最終的には延岡駅までの全線復活を目指すとされたが、資金の見込みが立たず挫折。支援を表明していた企業も、次々と撤退した。残った個人株主たちは、社名を現在の「高千穂あまてらす鉄道」に変更、高千穂出身の作家、高山文彦氏を社長に招いて再出発を図った。

2009（平成21）年、自治体の所有となっていた高千穂駅の施設を借りて、鉄道公園の運営をスタートした。最初は駅舎すら利用できなかったが、駅構内で保線用のカートを動かすところから始め、徐々に実績を積み重ねた。

やがて軽トラックを改造した約10人乗りの「スーパーカート」を自作して、高千穂駅から隣の天岩戸駅までの運行をスタートさせた。車両には照明機器が設置され、トンネル通過時には壁面にイルミネーションを映し出す。駅構内でのカフェの営業も始めたほか、高千穂鉄道の車両が眠る車庫も見学できるようになった。

この頃から、口コミで徐々に観光客が集まり始める。目標とした高千穂鉄橋の通過は、安全面の懸念からなかなか許可が下りなかったが、実証実験を重ねて2013（平成25）年に実現。2014（平成26）年からは、通年通過が実現した。今は鉄橋の手前で風速計を観測し、風速10m以下であることを確認して通過している。

廃止されたはずの「鉄道」で、日本一高い鉄橋を通過できる。それも、オープンエアでとびきり見晴らしのよい車両で。口コミやメディアを通じて「高千穂あまてらす鉄道」は人気を集め、ついには朝のうちに1日の予約が一杯になってしまうほどになった。

2017（平成29）年春には、乗車人数と出力を飛躍的に高めたグランドスーパーカートが登場。さらに、駅構内では高千穂鉄道の本物の車両を使った運転体験プログラムも不定期で開催している。運転体験開催時には、普段は別の町で暮らす高千穂鉄道OBが講師として高千穂に帰ってくる。利用者は年間5万4000人を数え、高千穂神社と並ぶ、高千穂町を代表する観光スポットに成長した。

グランドスーパーカートは、今は高千穂鉄橋を渡りきったところで折り返しているが、レールは鉄橋から3・5km先にある旧深角《ふかすみ》駅までつながっている。桜の名所でもある旧深角駅では、毎年春になると桜まつりが開催されており、旧スーパーカートがイベント的に走行したこともある。次の夢は、高千穂駅からこの深角駅までグランドスーパーカートを走らせることだ。全長2938mの大平山トンネルの存在など越えるべきハードルは多いが、高千穂駅はこれからも賑わい続けることだろう。

(栗原 景)

高千穂駅。ここからグランドスーパーカートに乗車する(写真:栗原 景)

国鉄宮原線

宝泉寺駅

〈大分県玖珠郡九重町〉

10年以上空き屋だった資料館が復活

ＪＲ九州・久大本線の豊後森駅から、国道３８７号を車で南へ15分ほど走ると、九重九湯の中心、宝泉寺《ほうせんじ》温泉に着く。温泉街に入る道を降りると、木造２階建ての物産館がある。入口には「宝泉寺温泉駅」の文字。駅名標や腕木式信号機などが展示されている。

ここは、１９８４（昭和）年まで国鉄宮原《みやのはる》線宝泉寺駅があった場所だ。国鉄宮原線は、久大本線恵良《けら》駅と肥後小国《ひごおぐに》駅を結んでいた全長26・６㎞のローカル線。宝泉寺駅は、五つしか駅がなかった宮原線の中心駅で、平日は豊後森駅から当駅まで区間運転の列車も設定されていた。駅に隣接する宝泉寺温泉は、かつては旅館や飲食店がそれぞれ20軒以上集まり、パチンコ店などもある歓楽温泉だったが、１日５本程度しか列車がない宮原線を利用して訪れる人は少なかった。宮原線は、九州一の赤字ローカル線として、１９８４（昭和59）年12月に全線廃止。恵良〜宝泉寺間の線路跡は、大部分が国道３８７号に転用された。

鉄道廃止後、宝泉寺駅跡にはバスターミナルを兼ねた「宝泉寺駅歴史資料館」が建設さ

開業日
1937（昭和12）年
6月27日

廃止日
1984（昭和59）年
12月1日

れた。しかし、当時の宝泉寺温泉は、熊本県側の黒川温泉などの陰に隠れた存在だった。資料館を訪れる人は少なく、2004（平成16）年に閉館してしまう。

「宝泉寺駅」とあるが、廃止後に建てられた物産館だ（写真：栗原 景）

10年以上空き屋状態だった資料館跡に、「物産館・宝泉寺温泉駅」がオープンしたのは2017（平成29）年7月のことだ。若い世代が中心になってリノベーションを企画し、1階は観光案内所兼物産館、2階は宮原線資料館となった。各旅館が調理した「宝泉寺駅弁」シリーズや、館内で焼く「宝当ホイップパン」など新たな名物も考案され、宮原線の資料も資料館にまとめられた。宝泉寺温泉自体も、「源泉かけ流し宣言」をキャッチフレーズとするなどイメージアップが図られ、かつての賑わいを取り戻しつつある。

（栗原 景）

廃止駅 **47,48,49,50**

「道の駅」になった駅

新しい時代の「駅」が鉄道の記憶を受け継ぐ

道路にも「駅」がある。古くは、古代日本の街道沿いに設置された「駅家」や、開拓時代の北海道に設けられた「駅逓所」（170ページ参照）があるが、現代では全国の主要道路に整備された「道の駅」が知られている。

「道の駅」自治体と道路管理者が設置し、国土交通省が登録する地域振興を兼ねたドライブイン施設で、1993（平成5）年にスタート。2019年4月現在、全国に1154カ所ある。かつてはバラバラに作られていたドライブインや観光案内施設を緩やかなルールで規格化し、地域の魅力を行き交う人々にわかりやすく伝えている。最近では、鉄道駅の入場券を模した「道の駅記念きっぷ」を販売している施設も増え、全国の道の駅を訪ねる愛好家も多い。

◆国鉄相生線

北見相生駅 北海道網走郡津別町

開業日 1925（大正14）年11月15日
廃止日 1985（昭和60）年4月1日

◆のと鉄道七尾線

輪島駅 石川県輪島市

開業日 1935（昭和10）年7月30日
廃止日 2001（平成13）年4月1日

◆JR北海道 名寄本線

中湧別駅 北海道紋別郡上湧別町

開業日 1921（大正10）年3月25日
廃止日 1989（平成元）年5月1日

◆国鉄宮原線

肥後小国駅 熊本県阿蘇郡小国町

開業日 1954（昭和29）年3月15日
廃止日 1984（昭和59）年12月1日

上は道の駅中湧別。右は道の駅肥後小国。どちらもどちらも駅の構造が保存されている（写真：栗原景）

今は失われた鉄道駅の跡地が、「道の駅」として蘇る事例もある。北海道北見市の道の駅「あいおい」は、１９８５年に廃止された国鉄相生線の終着駅・北見相生駅の跡地だ。元々は、相生線廃止後に駅施設を保存し交通公園となっていたものが、２００３（平成15）年に商業施設が建設されて道の駅として認定されたもの。北見相生駅の駅舎とホーム、線路が廃止から約30年を経た今もそのままの姿で残され、ディーゼルカーや客車、構内除雪車なども手入れが行き届いた状態で保存されている。このうち客車は、内部が改造されてライダー向けの無料宿泊施設として公開。駅舎も「駅舎カフェくるみの森」となって、相生線の資料を見ながら自家焙煎の珈琲を味わうことができる。駅舎からホームを眺めると、今にも列車が動き出しそうだ。

北海道には、他にも駅跡を活用した道の駅が多い。名寄《なよろ》本線と湧網《ゆうもう》線のジャンクションだった中湧別《なかゆうべつ》駅の跡地は、現在「かみゆうべつ温泉チューリップの湯」となり、ホームの一部と跨線橋が現役当時のままの姿で残されている。同じ名寄本線の興部駅は道の駅「おこっぺ」に、音威子府《おといねっぷ》と南稚内《みなみわっかない》を結んだ天北《てんぽく》線の敏音尻《ぴんねしり》駅跡は、道の駅「ピンネシリ」となった。いずれも、鉄道資料室やモニュメントを備え、かつてそこを鉄道が走っていたことを今の人々に伝えている。

一方、「オーロラタウン93りくべつ」、「あしょろ銀河ホール21」、「ステラ★ほんべつ」は、2006年4月に廃止されたちほく高原鉄道ふるさと銀河線の、それぞれ陸別《りくべつ》駅、足寄《あしよろ》駅、本別《ほんべつ》駅の駅舎を活用している。いずれも、ちほく高原鉄道の駅舎として建設された建物を活用しており、中でも陸別と足寄は、鉄道が健在だった時代に駅併設の道の駅として設置された。陸別駅は、鉄道廃止後もちほく高原鉄道の動態保存を行う「ふるさと銀河線りくべつ鉄道」の拠点となり、今も春から秋にかけて、ディーゼルカーの音を響かせている（112ページ参照）。

北海道以外にも、駅跡を活用した道の駅がいくつかある。2001（平成13）年に廃止された、のと鉄道七尾線の終着駅・輪島駅は道の駅「輪島 ふらっと訪夢」になった。施設は完全に建て替えられたが、輪島駅と七尾線の資料を展示する鉄道メモリアルルームがあるほか、かつてのホームをイメージしたモニュメントには駅名標が保存されている。次の駅の欄に「シベリア」と書かれているのは、鉄道時代と同じだ。

能登半島には、もう一つ、2005（平成17）年に廃止された同能登線の珠洲《すず》駅の跡地に整備された道の駅「すずなり」がある。こちらの「旧珠洲駅プラットホーム」は、鉄道時代のホームを保存したものだ。

熊本県の道の駅「小国」は、元国鉄宮原線の終着駅、肥後小国駅跡。1984（昭和59）年3月に宮原線が廃止された後、まもなく整備されたバスターミナル兼町営観光施設「ゆうステーション」がルーツで、1993（平成5）年4月に「道の駅」第一弾として、全国102の施設とともに認定された。敷地内には、宮原線時代のレールや駅名標などが保存・展示され、今では、杖立《つえたて》温泉や黒川温泉など周辺観光地への中継点として、鉄道時代よりも多くの人が訪れている。

「道の駅」は、過疎化が進む地域では唯一の賑わい場として定着している所も多い。「駅」には人が行き交い、物が集まる。鉄道時代も自動車時代も、変わらない。

（栗原 景）

移転して廃駅化した市の代表駅

方向転換解消のために町ごと移転

地域を代表するような大きな駅にも、廃駅がある。中央本線と篠ノ井線が接続する塩尻駅。新宿方面から中央本線の下り列車に乗ると、塩尻駅到着寸前、右側に古いホームが現れる。

ここは、1982（昭和57）年まで使われていた旧塩尻駅の跡だ。中央本線は、東京～塩尻間の中央東線と名古屋～塩尻間の中央西線に分かれているが、本来は東京～塩尻～名古屋間の路線。かつては、東京方面と名古屋方面だけが直通できる構造になっていて、特急「しなの」など名古屋方面と松本方面を直通する列車は、塩尻駅で方向転換（スイッチバック）する必要があった。これでは輸送実態に合わず、スピードアップの足かせにもなる。そこで、塩尻駅を松本寄りに500m移転し、名古屋方面から松本・長野方面へも直通できるよう改良したのである。

◆JR東日本 中央本線
塩尻駅 長野県塩尻市
移転日 1982（昭和57）年5月17日

◆JR東日本 総武本線
千葉駅 千葉県千葉市
移転日 1963（昭和38）年4月28日

旧塩尻駅跡は、移転後も貨物列車の操車場として使用され、現在も貨物列車が待避する場所として使われている。駅舎があった場所は、プールやトレーニングジムなどを備えたヘルスパ塩尻に変わったが、建物の裏にかつての1番ホームが残るほか、周辺にタクシー会社や老舗旅館があるなど、駅前の雰囲気をわずかに留めている。

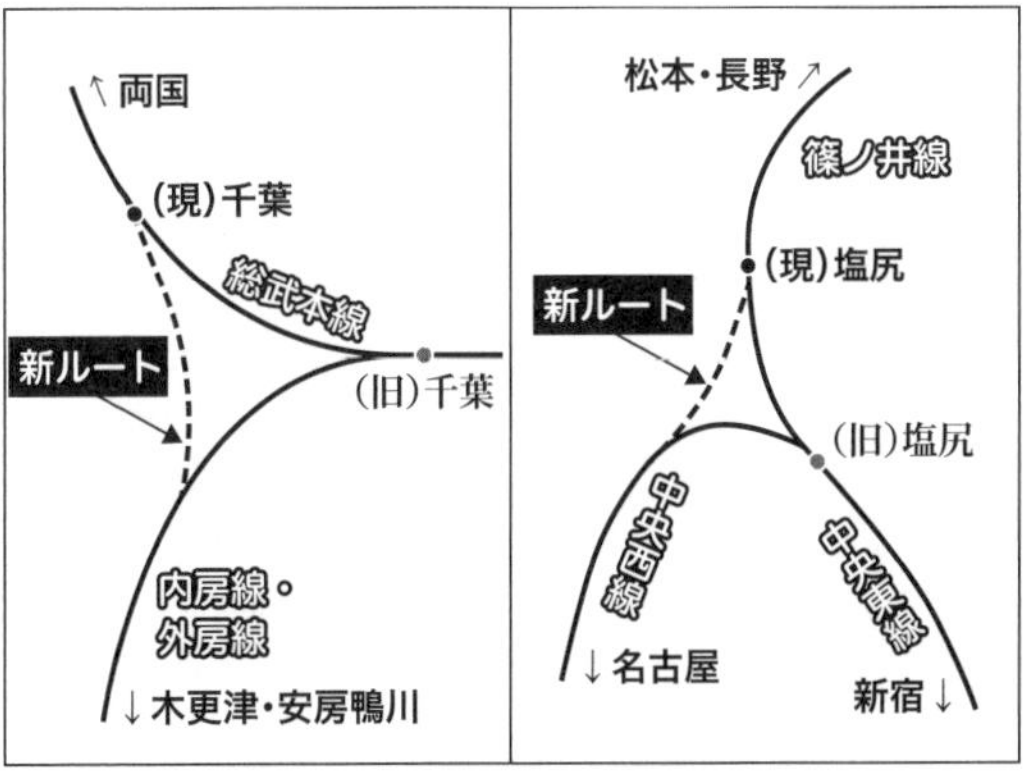

左は千葉駅、右は塩尻駅の移転とルート変更の概要

千葉県の県庁所在駅である千葉駅も、スイッチバックを解消するために移転した駅だ。1963（昭和38）年まで、千葉駅は現在よりも約600m東、今の総武本線東千葉駅近くにあり、両国方面と木更津・安房鴨川方面を直通するには方向転換が必要だった。千葉駅から佐倉方面の電車に乗り、千葉都市モノレールをくぐって電車の留置線があるあたりが旧千葉駅の跡で、広い敷地にかつての駅の面影を感じる。遺構は残っていないが、駅舎があった場所には千葉市民会館があり、建物の横に「ここに千葉駅ありき」と書かれた石碑がある。

（栗原　景）

島原鉄道加津佐駅(長崎県)

2008(平成20)年4月1日、島原外港～加津佐間が廃止された。この区間は、1991(平成3年)の雲仙普賢岳の噴火で被災して不通となり、翌年には土石流で不通となった。新線を建設して復活したが、廃止となった。(編集部)

第３章

有志の方々の
おかげで
私たちも楽しめる

鉄道車両が動態保存されている廃止駅、美しく保存されている廃止駅

片上鉄道吉ヶ原駅（写真：編集部）

「昭和の鉄道」「平成の鉄道」がまるごと〝現役〟

熱意ある有志によって動態保存されている駅と鉄道

◆同和鉱業片上鉄道

吉ヶ原駅 岡山県久米郡美咲町

開業日 1931（昭和6）年2月1日
廃止日 1991（平成3）年7月1日

◆北海道ちほく高原鉄道ふるさと銀河線

陸別駅 北海道足寄郡陸別町

開業日 1910（明治43）年9月22日
廃止日 2006（平成18）年4月21日

岡山県東部を南北に走っていた同和鉱業片上鉄道は、その名の通り同和鉱業（開業当時は藤田組）が運営していた柵原《やなはら》鉱山からの鉱石を、片上港まで輸送するための鉄道である。もともと鉱石輸送は、吉井川の水運によって行われていたが、港で積み替えの手間が発生するほか、水位が低下する時期には途中から陸路で運ぶ必要があった。鉱山の開発が進み、輸送量も増えつつあったことから、鉄道が建設されることになり、１９３１（昭和６）年に全通した。

こうした経緯から同鉄道は長らく貨物輸送が主体で、硫化鉄鉱を満載した長大貨物列車がディーゼル機関車に牽引されて日に何往復も走っていた。鉱山で働く職員や家族、そして沿線住民のために旅客列車も運転されていたが、そのための気動車は長らく戦前製のものが使用されてきた。１９８０年代には、同じ同和鉱業系列の小坂鉄道から余剰となった

保存されている車両も貴重なものばかり。もちろん体験乗車もできる（写真：伊原 薫）

気動車2両がやって来たものの、戦前製の車両も引き続き活躍。さらに、オープンデッキ構造の客車も残っており、時には貨車と連結した混合列車で運転されるなど、鉄道ファンにとっては魅力の尽きない路線だった。

だが、硫化鉄鉱の需要が急減したことやモータリゼーションの影響で、貨物・旅客の双方とも輸送量は激減。1987（昭和62）年8月に鉄道の廃止が決定し、同年11月には鉱石輸送も廃止された。沿線自治体などによる存続の動きや、リゾート開発会社による観光鉄道化などの動きも見られたが、いずれも実らず、1991（平成3）年に営業を終了、片上鉄道はその歴史に幕を下ろした。

廃止後、柵原町（現・美咲町）では片上鉄道や鉱山の保存展示施設を吉ヶ原駅構内に検討していたため、一部の車両は鉱山側の終点だった隣の柵原駅付近に保管された。そして、ここから片上鉄道の〝第2幕〟が始まる。鉄道ファン有志が定期的に保存作業を行い、車両は走行可能な状態を保っていた。そして、保存展示施設の建設が具体化した1997（平成9）年、保存されていた車両が自走で吉ヶ原駅まで戻ってきたのだ。翌年11月には「柵原ふれあい鉱山公園」がオープンし、12月からは構内に残された約400mの線路を使って展示運転がスタート。以降、大規模な修繕工事を行っていた一時期を除き、毎月第1日曜日に欠かさず実施されている。

そして、2014（平成26）年には新たな動きが起こった。鉱山公園の施設整備の一環として、線路を柵原駅側に約100m延伸し、「黄福《こうふく》柵原駅」という名称の休憩施設も設置された。いったん廃止された保存鉄道で、線路が延び、駅が開業するというのは前代未聞の出来事である。地元自治体が廃止された鉄道に文化的価値を見出し、活用していこうという動きは注目に値する。延伸区間のレールは保存会が自ら敷設し、片上鉄道の現役時代に準じた精度管理を目指すなど、その技術は玄人はだしで、地域とファンがタッグを組んだ〝産業遺産観光〟の好例といえよう。

片上鉄道の共通スタイルだった、赤い三角屋根が特徴の吉ヶ原駅舎は、今もよく手入れされている。構内に保存されている12両の車両も大半が動態保存で、廃止された鉄道とはとても思えない。展示運転では、来園者も〝乗客を演じる役〟として保存活動に参加。廃止から間もなく30年を迎える今なお、ここには〝昭和の鉄道〟が月1回蘇るのだ。

数十年前の光景のようだが、いまも毎月1回ボランティアの手によって“再現”される（写真：伊原 薫）

吉ヶ原駅が「昭和の雰囲気を今に伝える保存鉄道」なら、陸別駅は「平成の雰囲気を今に伝える鉄道」といったところだろうか。

池田と北見を結ぶ国鉄池北《ちほく》線は、もともと網走線として1910（明治43）年に開業。文字通り、網走へのメインルートとして重要な役割を担っていた。だが、札幌・旭川方面にショートカットできる石北線が開通すると、メインルートの座を奪われる。その後も沿線の旅客や貨物輸送で重要な役割を担っていたが、沿線の道路網が整備されたことで利用が減少し、1980（昭和55）年には廃止対象に。この時、北海道では池北線とともに路線距離が１００㎞を超える名寄本線や天北線も廃止対象とされたが、池北線は他路線より利用が多かったことなどから、北海道で当時唯一の第三セクター鉄道、北海道ちほく高原鉄道として残ることになった。

再スタートを切った同線は、快速列車1往復に加えて区間列車も増発され、帯広方面への直通列車も増やされるなど、積極的な経営が見られたものの、その後も乗客離れは止まらなかった。沿線の過疎化に加え、少子高齢化により通学生の利用が激減したため、十数年間で乗客数は半減。加えて、多くの第三セクター鉄道で財源となっていた、経営安定基金の運用益が不況で減少したことから、鉄道の存続は困難となった。冬季には代替バスの運行に不安があることから、鉄道を残す意見もあったものの、沿線自治体の大半は廃線に同意し、２００６（平成18）年に全線が廃止された。

それから2年後の２００８年、陸別町が譲受した車両6両を使い、保存鉄道「ふるさと銀河線りくべつ鉄道」がスタートした。当初は陸別駅構内のみでの営業だったが、２０１２（平成24）年には陸別駅から１・９㎞先に新設された「下《しも》勲《くん》祢《ね》別《べつ》駅」まで、２０１５（平成27）年には５・７㎞先の分線駅まで復活し、乗車体験列車が運行された。こうした動態保存を行う際には、踏切の存在が大きなネックとなるが、同区間にはもともと踏切がほとんどないため、復活が可能となった。沿線住民が少ない北海道ならではの恩恵といえる。

「りくべつ鉄道」最大の魅力は、乗車体験だけでなく運転体験もできるという点だ。現在は、陸別駅構内の５００ｍを走行できるコースに加え、北見方面へ約１・６㎞を運転できるコースも開催。鉄道会社などが行っている運転体験は、１００〜２００ｍというものが多く、これだけの長距離を運転できるというのは他に例がないことから、全国から多くの人が訪れている。自然の中をずっと先まで延びる線路を、自分がハンドルを握る列車で進んでゆく。鉄道ファンにとって、まるで夢のような体験がここではできる。

りくべつ鉄道となった陸別駅(写真：Route275　CC BY-SA 3.0)

　陸別駅の構内には保線車両のほか、機関庫や転車台、保線詰所なども残っており、一部は土木遺産にも選定されている。広い構内に当時の繁栄ぶりを思い描きながら、これらの施設も堪能していただきたい。

（伊原　薫）

下北交通大畑線

大畑駅

〈青森県むつ市〉

愛好家の手によって20年近く保存が続く

下北半島を走っていた大畑《おおはた》線は、最北端の大間を目指した鉄道だ。だが、1939（昭和14）年に大畑駅まで開業したところで建設が中止。大畑駅は、本州最北端の終着駅となった。大畑線は、1985（昭和60）に国鉄から下北交通に転換された後、2001（平成13）年4月に全線廃止。大畑駅は、下北交通バスの出張所となった。

廃止から20年近く。大畑駅は、今もほぼ現役当時の姿を留めている。駅舎は、下北交通のバス営業所として現役だ。駅構内では、下北交通で使われていたキハ85が動態保存され、毎年5月から10月の第3日曜に定期運転会が行われている。国鉄のキハ22を譲り受けた車両で、今も走行できる車両は貴重な存在だ。

動態保存を行っているのは、「大畑線キハ85動態保存会」のメンバーだ。この団体の前身は、大手航空会社社員による鉄道趣味サークルだった。きっかけは、大畑線が廃止された約1カ月後、サークルから下北交通社長あてに車両の買取と保存の申し入れが行われた

開業日
1939年（昭和14年）12月6日

廃止日
2001（平成13）年4月1日廃止

上：三角屋根の駅舎が健在の大畑駅。右：定期運転会には鉄道ファンも姿も（写真：栗原 景）

こと。下北交通は当時すでに大畑駅を交通公園として整備・保存する計画を持っており、車両の譲渡は実現しなかったが、同サークルのメンバーが中心となって動態保存を行うことになり、2001年11月、最初の運転会が行われた。サークルは「大畑線キハ85動態保存会」と改称し、本格的に保存活動を行っていくことになる。

当初は航空会社の社員で構成されていた保存会には、今では本職の鉄道運転士も加わり、運転技法についても本格的になっている。単なる鉄道ファンの道楽ではなく、鉄道文化を継承するため、技術と資金力を持った人々が真面目に取り組んだ結果だ。最初は懐疑的だったという地元の人たちも協力的になり、定期運転会時に名物料理などの店が出る。毎月1回、大畑駅は懐かしい終着駅の姿を取り戻す。

（栗原 景）

南部縦貫鉄道

七戸駅
〈青森県上北郡七戸町〉

新幹線に接続する日を待ち続けた駅

開業日
1962(昭和37)年
10月20日

廃止日
1997(平成9)年
5月6日休止
2002(平成14)年
8月1日廃止

青森県七戸《しちのへ》町の玄関、東北新幹線七戸十和田駅。２０１０（平成22）年12月４日に開業したこの駅は、七戸町唯一の鉄道駅だ。１日上下各12本の新幹線が発着し、東京駅や仙台駅、あるいは新函館北斗駅と結ばれている。だが20年ほど前まで、七戸町の玄関となる駅は別に存在した。それが、南部縦貫鉄道七戸駅だ。

南部縦貫鉄道は、青森県の野辺地駅と七戸駅を結んでいた全長20・９kmの私鉄だ。沿線で産出される鉱物や農作物の輸送などを目的に１９６２（昭和37）年に開業した。だが、主力事業と見込んでいた砂鉄輸送が実現前に中止となり、１９９７（平成９）年に全線が運行休止するまで、バスの構造を流用した小型ディーゼルカー、通称レールバスが35年にわたって細々と走っていた。

主力事業の中止にも関わらず、長期間にわたってレールバスが走り続けた理由の一つが、東北新幹線延伸の計画があったことだ。七戸町内に新幹線の駅が設けられる予定があり、

1962(昭和37)年製のレールバスを大切に保守しながら活動している(写真：編集部)

南部縦貫鉄道をそのアクセス鉄道として活用しようという構想があった。

ただし、後に七戸十和田駅として開業した新幹線駅は、南部縦貫鉄道七戸駅から3km近く離れていた。南部縦貫鉄道としての最寄り駅は、七戸駅の二つ手前にあたる営農大学校前駅で、ここから約500mの新線を建設して新幹線駅に接続。営農大学校前～七戸間は廃止する計画が立てられた。七戸駅は、どのみち廃止となる運命だった。

ところが、東北新幹線大宮～盛岡間が開業した直後の1982(昭和57)年9月、国鉄の財政悪化によって、盛岡～新青森間の建設が凍結されてしまう。JRが発足する直前の1987(昭和62)年にようやく工事再開の道が開かれたが、建設費圧縮のため八戸〜青森間は在来線を活用するミニ新幹線方式に変更され、七戸町内は通らないことになった。

さらに1997（平成9）年、南部縦貫鉄道の路線のうち、旧東北本線の路盤を借りて運行していた野辺地〜西千曳《にしちびき》間について、日本国有鉄道清算事業団から土地の買取を要請される。資金難の状態にあった南部縦貫鉄道は資金を用意することができず、やむを得ず同年5月5日限りで全線の運行を休止することになった。自治体などの支援によって土地を確保した暁には、運行を再開するつもりだった。

その後、土地は自治体が買い取った。しかし今度は休止した区間を復旧させる資金が予想以上に嵩み、結局運行再開を果たせぬまま2002（平成14）年に正式に廃止となってしまう。東北新幹線が全線フル規格となり、七戸十和田駅の設置が改めて決まったのは、南部縦貫鉄道が全線休止となった後の、1998（平成10）年のことである。

こうして姿を消した南部縦貫鉄道だったが、七戸駅は現役当時の姿を残していた。駅施設や機関庫は、運行再開の日のために維持され、職員や鉄道ファン有志によって車両と施設の整備が続けられていたのだ。路線が正式に廃止された頃には、車両の公開イベントも行われるようになっていた。休止という期間を経たおかげで、駅を保存する体制ができあがっていたのである。会社も、タクシー業務や公共施設の受託業務などを行う企業として

マニュアルの自動車と同じように。ギヤチェンジをしながら進む(写真：編集部)

存続（タクシー業務はその後売却）し、七戸駅は運行休止から20年以上が経過した今も、現役当時の姿をほぼそのまま維持している。旧七戸駅とレールバスは七戸町を代表する観光素材となり、毎週土曜と日曜には機関庫の一般公開が行われるほか、例年5月の連休には旧駅構内で動くレールバスに乗車できるイベント「レールバスとあそぼう」も開催されている。

もし、東北新幹線七戸十和田駅の計画がなかったら、南部縦貫鉄道の運命は違っていたはずだ。もっと早い時期に、将来の再開を見据えた「休止」ではなく、全線が廃止されていただろう。そうなれば、七戸駅の機関庫と車両は早々に撤去され、その姿を残すことはできなかったかもしれない。新幹線に翻弄され、新幹線によって残された。七戸駅は、そんな数奇な運命をたどった廃駅である。

（栗原 景）

国鉄日中線

熱塩駅

〈福島県喜多方市〉

桜に包まれる美しき廃駅と廃線跡

廃止後、現役時代よりも美しく蘇った終着駅。それが、福島県の日中線熱塩《あつしお》駅だ。

日中線は、ラーメンで有名な喜多方駅と熱塩駅を結んでいた全長11・6㎞の国鉄ローカル線。山形県側の奥羽本線米沢駅までを結ぶ構想だったが、1938（昭和13）年に喜多方〜熱塩間が開業したきり、福島・山形県境の大峠を越えて米沢に至る鉄路が着工されることはなかった。1950年代には早くも1日3往復しかない超閑散線となり、1984（昭和59）年3月末限りで廃止されるまで、その状態が続いた。

終着駅の熱塩駅は公園として整備され、駅舎とホーム、転車台などが保存されている。1938年の開業時に建てられた駅舎は、洋館風の木造モルタル建築で、当時としては極めて珍しいメートル単位の間取り構造を備える。現在は日中線記念館として、無料で公開されている。

今でこそ、美しい姿を見せている熱塩駅舎だが、現役時代の末期は酷い状態だった。1

開業日
1938（昭和13）年
8月18日

廃止日
1984（昭和59）年
4月1日

美しく整備された熱塩駅。サイクリングの人も多く訪れる（写真：栗原 景）

964（昭和39）年10月1日に、東海道新幹線が華々しく開業した裏で無人化された熱塩駅は、1974（昭和49）年に本州最後の蒸気機関車による旅客列車が消えると、急速に荒廃していった。昭和50年代には、窓ガラスはことごとく割れて落書きだらけ、屋根は腐って抜け落ちるという状態だったのである。

　見るも無惨な状態だった熱塩駅が蘇ったのは、皮肉にも日中線の廃止がきっかけだった。国鉄再建法によって、廃止路線の沿線自治体には1kmあたり3000万円の転換交付金が交付される。当時の熱塩加納村は、転換交付金から約970万円を投じて駅舎とその周辺を整備。屋根や窓はもちろん、外壁もモルタルを補強してきれいに復元し、廃止から3年が経過した1987（昭和62）年から日中線記念館として公開した。

きれいに整備された熱塩駅だったが、廃止から20年が経過すると、再び老朽化と荒廃が始まる。2006（平成18）年には、熱塩駅があった熱塩加納村が喜多方市と合併し、自治体の目が行き届かなくなることも懸念された。そこで、喜多方市のOBが自ら記念館の管理を引き受け、記念館の再整備に取り組んだ。2008（平成20）年には「熱塩駅よみがえらせ隊」が発足。2009（平成21）年には、熱塩駅舎が経済産業省の近代化産業遺産に登録された。さらに2013（平成25）年には日中線の線路跡にしだれ桜を植樹するNPO法人「日中線しだれ桜プロジェクト」が発足し、日中線と熱塩駅の伝承に取り組んでいる。2018年度までに三度、合計161本植樹され、将来は喜多方駅から熱塩駅まで、桜並木を作り上げる構想だ。こうして、日中線と熱塩駅の記憶を後世に伝えようとする人たちが次々と自主的に集まり、熱塩駅は再び美しい姿を取り戻した。

2019（令和元）年には、植樹地にウッドチップを敷いた散歩道を整備する。公道に転用された区間の存在や、田畑の日照権の問題、そして資金力など越えるべきハードルは多々ある。だが、完成すれば、喜多方と熱塩に約100mの標高差があることから、約1カ月にわたって旧日中線沿線で桜を楽しめるようになるだろう。そして熱塩駅前には、日中線開業時に植樹された樹齢80年のひときわ立派な桜があり、毎年春に満開の桜を咲かせ

ホームでのんびりと休憩する人も多い(写真：栗原 景)

ている。

駅舎内は日中無料で公開されており、日中線開業時や廃止時の新聞記事、さよなら列車のヘッドマークなどが展示されている。窓口にはきっぷを収納する乗車券箱と日付を印字するダッチングマシンがあり、訪問記念きっぷを購入すれば自分で日付を入れることができる。

駅舎のほかにも、かつて日中線で活躍したオハフ61形客車とキ287除雪車が静態保存されている。こちらも一時はかなり荒廃したが、「熱塩駅よみがえらせ隊」をはじめとするボランティアによって復元された。熱塩温泉に宿泊し、朝の散歩に駅を訪れる人もいる。熱塩駅跡には、優しい時間が流れている。

(栗原 景)

頸城鉄道

百間町駅〈新潟県上越市〉

33年間眠り続けた車両が奇跡の里帰りを果たした駅

開業日 1914（大正3）年10月1日 新

廃止日 1971（昭和46）年5月2日

とっくに失われたと思っていた車両が、４００km離れた山中から「発見」され、路線廃止から33年ぶりに故郷の駅へ里帰りを果たす……。

そんな奇跡が起きたのが、新潟県の頸城《くびき》鉄道百間町《ひゃくけんまち》駅だ。頸城鉄道は、信越本線黒井駅に隣接した新黒井駅と浦川原駅を結んだ全長15kmの私鉄。レール幅が７６２mmと狭い軽便鉄道で、頸城平野で採れる米の運搬を主な目的としていたが、１９７１（昭和46）年5月を最後に全線が廃止された。「コッペル」と呼ばれる蒸気機関車が西武鉄道に譲渡され、山口線（現在のレオライナー）の「おとぎ列車」として運行されたほかは、すべての車両が解体され失われた、はずだった。

ところが、実は一部の車両が、近畿地方の山中に作られたトンネルの中で保管されていた。ある篤志家が動態保存を夢見て車両を譲り受けていたのだ。その人物は、車両が再び走り出す日を見ることなく亡くなったが、車両現存の噂を耳にした鉄道研究家が仲介役となり、2004（平成16）年、33年ぶりに車両の里帰りが実現したのである。

ボランティアが長年かけて、ここまでの規模に育ててくれた（写真：栗原 景）

その頃には、コッペル機関車も西武鉄道から帰り、車両基地があった百間町駅の車庫に保存されていた。近畿から帰った車両たちも同じ車庫に収められ、新潟県の鉄道愛好家たちによって修復作業が行われた。見た目はボロボロだったが、大部分の車両がトンネルの中で保管されていたため、状態は良好だった。やがて、車両の一般公開イベントが始まり、2007（平成19）年、ついにディーゼル機関車DC92の起動に成功。百間町の駅跡に再び線路が敷かれ、毎年夏から秋にかけて、定期的に公開運転会が行われるようになった。

百間町駅は、頸城鉄道発祥の地。2013（平成25）年には頸城鉄道の旧本社建屋が復元され、町の玄関となっている。

（栗原 景）

有田鉄道

金屋口駅

〈和歌山県有田郡有田川町〉

バスに役目を任せた鉄道駅で保存車両が走る

開業日
1916(大正5)年
7月1日

廃止日
2003(平成15)年
1月1日

皆さんの中には「代行バス」というものをご存知の方も多いだろう。これは、事故や自然災害、あるいは大規模な工事などで鉄道の運行ができなくなった際、代わりにバスを運行するというものである。もちろん、鉄道の運行が再開すれば代行バスは終了となる。ところが、和歌山県を走る有田鉄道は違った。

JR藤並駅から西へ延び、金屋口駅に至るこの鉄道は、もともと沿線の特産品であるミカンを運ぶための路線として1916(大正5)年に全通。この時はまだ国鉄紀勢本線が開通しておらず、路線は藤並駅から湯浅駅を経て海岸駅(湯浅港)まで延びていた。紀勢本線が1926(大正15)年に藤並まで開通すると、貨物列車は同駅で国鉄に引き渡され、有田のミカンは大阪や東京へ直送されるようになった。その後、紀勢本線が湯浅まで開通したため有田鉄道は藤並~海岸間を廃止。代わって旅客列車も国鉄へ乗り入れるようになる。

「有田川鉄道公園」となった金屋口駅(写真：齊藤 昭)

だが、次第にミカン輸送はトラックに切り替わったことから、1984(昭和59)年に貨物輸送は廃止。経営は次第に苦しくなってゆく。8年後には湯浅駅までの乗り入れもなくなり、乗客数も減少したことから、有田鉄道は思い切った策に打って出た。それは、通学生が利用する時間帯だけ鉄道を運行し、乗客が少ない時間帯はバスに切り替えるというもの。もともと有田鉄道はバス事業も営んでいたため、そちらに任せようというわけだ。こうして、平日は朝3往復と午後1往復の運行となり、日曜・祝日は全列車が運休するダイヤになった。

21世紀に入ると運行本数はさらに減少し、9時台と11時代に金屋口を出発して往復する、1日2往復に。つまり、お昼過ぎにはその日の運行が終了するという状態だった。有田鉄道の定期券や回数券は発売されず、バスのもので鉄道も乗車できるようにされた。いわば、「代行バス」ではなく「代行列車」のようなものである。

だが、この状態も長くは続かなかった。慢性的な赤字のため保線や車両の保守もおぼつかない状況で、故障による運休もたびたび起こった。ついに２００２（平成14）年10月、鉄道の廃止を国に申請。法律では、廃止申請は廃止予定日の1年前までに提出することとされているため、この時点での廃止日は翌２００３年10月31日に設定されたが、「沿線の同意があれば廃止日を繰り上げられる」という規則を使い、大幅に繰り上げて２００２年12月31日に廃止された。沿線にとっても、すぐ近くを１日20往復近く走るバスがあるため、もはや1日2往復の鉄道は必要としていなかったことがよく分かる。

線路や駅舎を撤去する費用にも困窮していたことから、その多くは車両とともに廃止後しばらく残っていた。そんななか、車庫があった金屋口駅の付近一帯を鉄道公園として蘇らせようという動きが起こる。ＪＲ藤並駅前に展示されていたＳＬも移設した上で、２０１０（平成22）年に有田川鉄道公園がオープン。有田鉄道の路線を再現したジオラマなどを展示する、有田川町鉄道交流館が敷地内に設けられ、ここから金屋口駅ホームまで旧本線を使った車両の乗車体験も行われるようになった。

キハ58003はじめ、貴重な木造貨車なども多数が保存されている(写真：齊藤 昭)

かつて有田鉄道のシンボル的存在だったキハ58003号車も、自走はできないものの鉄道ファン有志の手によって照明や車内放送が可能な状態となり、製鉄所で活躍していた小型ディーゼル機関車に牽引されて走っている。さらに、このディーゼル機関車や、鉄道車両などの運搬会社が自社で所有するSLを使った運転体験を行うなど、様々な企画を実施。鉄道があったころ以上の盛り上がりを、金屋口駅の駅舎は今も見守っている。

(伊原 薫)

JR西日本 大社線

大社駅〈島根県出雲市〉

堂々たる造りがかつての隆盛を今に伝える

2019年、平成の時代が終わりを告げ、新たに令和の時代が始まった。今回は天皇陛下の退位による改元のため、昭和から平成への移り変わりとは違って明るい雰囲気が日本全体を包んでいる。改元に合わせ、伊勢神宮を筆頭に多くの神社で参拝客が詰めかけた。

ところで、神社仏閣への参拝客輸送として鉄道が敷設された例は多い。近畿日本鉄道（近鉄）は、子会社として設立した、その名もずばり「参宮急行電鉄」を介して大阪から伊勢へのルートを確立。京浜急行電鉄（京急）のルーツである大師線も、川崎大師への参拝客輸送が目当てだった。京成電鉄や南海電鉄もこの側面が強く、中小路線はそれこそ枚挙にいとまがない。

1912（明治45）年に開業した大社線も、その一つだ。終点の大社駅は、当初は1面1線のホーム構造（他に機回し線1線）だったが、後に2面3線へと拡張されている。12年後に完成した2代目駅舎は、出雲大社の社殿を意識したデザインとされ、白い壁と黒い屋

開業日
1912（明治45）年
6月1日

廃止日
1990（平成2）年
4月1日

根瓦が印象的な造りは、日本を代表する神社の玄関口にふさわしい堂々たる雰囲気を醸し出している。駅舎内には大きなきっぷ売り場と三等待合室のほか、一・二等待合室や皇室からの勅使が使う貴賓室も設けられるなど、この駅の性質がうかがえた。長大編成に対応した長いホームからは、一時期東京からの「出雲」をはじめとする急行列車も発着。加えて、多い時は年間300本もの臨時列車が運行され、ホームの一角に設けられた団体客用の臨時出札口から、多くの参拝客が出雲大社へ向かった。

大社駅。ホームと線路も残り、見学できる（写真：伊原 薫）

だが、参拝客の足は次第に鉄道からバスへと変化し、大社線への直通列車は減少。それでも1時間1本程度が運転されていたものの、分割民営化直前の1987（昭和62）年2月に廃止対象路線に選定された。JR西日本に承継された後の1990（平成2）年3月末をもって廃止。最終日には、「SLやまぐち号」で使用されている蒸気機関車がさよなら列車として運転され、多くの人がその姿を見守った。駅舎は当時のまま今も保存され、広い構内とともにかつての隆盛を偲ぶことができる。

（伊原 薫）

乗降には条件が⁉ ハードルの高い「臨時駅」4選

廃止駅ではないけれど、ふだんは営業していない駅たち

日本には「臨時駅」と呼ばれる駅がいくつかある。その名の通り、毎日営業しているわけではなく、隣接する行楽地への利便を図るため、特定の時期に臨時で営業するというものが多い。有名なのは、JR上越新幹線のガーラ湯沢駅だが、これ以外にも個性的な駅がいくつもある。

JR予讃線の津島ノ宮駅は、現在も残る臨時駅としては最古参のものである。その開業は1915（大正4）年にさかのぼり、当初から通常営業は行っていない。同駅が営業するのは、すぐ前にある津島ノ宮（津嶋神社）で夏季大祭が開催される、毎年8月4・5日の2日間のみ。「こどもの守り神」である津島ノ宮

◆JR四国 予讃線

津島ノ宮駅 香川県三豊市

開業日 1915（大正4）年5月7日

廃止日 現存

※毎年8月4・5日のみ営業

◆錦川鉄道

清流みはらし駅 山口県岩国市

開業日 2019（平成31）年3月19日

廃止日 現存

※イベント列車のみ停車

◆えちぜん鉄道 三国芦原線

仁愛グランド前駅 福井県福井市

開業日 1992（平成4）年9月10日

廃止日 現存

※毎年特定日のみ営業、一般旅客の乗降不可

◆JR東日本 常磐線

偕楽園駅 茨城県水戸市

開業日 1925（大正14）年2月2日

廃止日 現存

※2～3月の特定日のみ営業

津島ノ宮駅。ホームは並走する県道からすぐ眺めることができる（写真：Yen80 GFDL）

は、本殿が海を渡った対岸の島にあるが、普段はそこに至る橋が閉鎖され、床板も撤去されている。夏季大祭の2日間だけは、橋を渡って本殿に参拝できることから、合わせて10万人が訪れる。この参拝客のために、津島ノ宮駅は営業するのだ。ホームの脇には、まるで海の家のような簡易な造りのきっぷ売り場があるものの、当然ながら普段は閉鎖。普通列車も減速することなく通過してゆくが、駅名標は常設されているため、駅の位置は確認できる。ニュースなどで取り上げられたことから、近年は鉄道ファンの来訪も増えているようだ。

1年に2日間しか営業しないという、利用するにはなかなかハードルの高い津島ノ宮駅だが、上には上がいる。えちぜん鉄道

走行中の電車内から見た仁愛グランド前駅のホーム

の仁愛《じんあい》グランド前駅がそれで、営業日は年にたった1日だけという少なさに加え、同駅を利用するには〝条件〟がある。それは、仁愛学園の生徒または関係者であること。というのも、この駅は近くにある仁愛学園のグラウンドで体育祭が行われる際、同校関係者の利便を図るために設置されたものだからだ。ちなみに、このグラウンドを所有する仁愛女子高校は、えちぜん鉄道と相互直通運転を行う福井鉄道の仁愛女子高校前駅が最寄りで、体育祭の時はここから乗車するというわけである。えちぜん鉄道の路線図や時刻表には掲載されておらず、ホームも床板のみの簡素なもので、屋根はおろか駅名標すらない。男性諸君が（いや、女性であっても）利用するのは絶望的といってよい駅だろう。

では、〝誰でも乗り降りできる〟というレベルで最も難度が高い臨時駅はどこか。筆者の独断で選ぶとすれば、2019年3月に開業した日本で最も新しい臨時駅、清流みはらし駅だろう。錦川鉄道に設置されたこの駅は、なんと出入り口がない。つまり、この駅で乗り降りするには列車で訪れるしかないのだが、通常は全列車が通過するという。この駅に停車するのは、毎月1~2回運転される定員制のイベント列車のみ。事前に申し込みをした人だけが、この駅に降り立つことができるのだ。この駅は駅名が示す通り、線路に沿って流れる錦川を眺められる場所に設置されており、いわば展望台のようなものなのである。ここまでくると、「駅とはなんぞや?」と思わずにいられないが、ローカル鉄道の話題作りとしてはいい試みだろう。

ここまで、乗降のハードルが高い駅ばかりを紹介したので、最後に少し変わったパターンの臨時駅も紹介しておこう。JR常磐線の偕楽園《かいらくえん》駅は、偕楽園で梅祭りが開催されるシーズンの土休日に営業。2019年は2~3月にかけて計15日間営業し、下り普通列車と下り特急列車が1日約30本停車した。近年は非接触式ICカード乗車券に対応した簡易改札機の設置や、車いすが通れるスロープも設置され、毎年多くの行楽客が利用している。と、これだけ聞くと普通の臨時駅に思えるが、この駅のポイントは〝下り〟列車という点。

下りホームしかない偕楽園駅（写真：有吉俊憲 CC BY-SA 3.0）

なんとこの駅、上野方面に向かう上り列車は一切止まらないのだ。なぜなら、複線の線路のうち偕楽園本園に隣接する下り線にしかホームがないからで、上り方面へ行くには一度下り列車で水戸駅まで行き、折り返す必要がある。

この他にも、クルーズ客船の乗客だけが利用できる駅（ＪＲ東日本　秋田港駅）や、自社の鉄道イベント開催時のみ営業する駅（秩父鉄道　広瀬川原駅）など、全国には面白い臨時駅がまだまだある。普段はまるで廃駅のような佇まいながら、特定の日には息を吹き返す、こうした臨時駅を巡ってみるのも楽しいだろう。

（伊原　薫）

そんなところに
駅があったの？

第４章

都心にもある！
廃止駅

東京メトロ銀座線表参道駅の渋谷側（写真右側の暗い部分）には「旧ホーム」が残る。（写真:編集部）

京成電鉄本線

博物館動物園駅〈東京都台東区〉

20年の眠りから覚めた歴史の語りべ

開業日
1933(昭和8)年
12月10日

廃止日
1997(平成9)年
4月1日休止
2004(平成16)年
4月1日廃止

京成電鉄の電車に乗って、京成上野駅から1分あまり。薄暗く、古い地下ホームを通過する。停車する気配はなく、ホームには誰もいない。少し怖さも感じるこの駅は、旧博物館動物園駅だ。1933（昭和8）年12月10日、上野公園（現・京成上野）～日暮里間の開業と同時にオープンした駅で、上野公園や恩賜上野動物園へのアクセス駅として親しまれた。だが、ホームの長さが4両分しかなかったため、次第に増えていった6両編成の電車は通過となり、停車する電車と利用客が激減。元々京成上野駅に近いうえ、ホームの拡張には多額の資金が必要だったため1997（平成9）年に営業休止、2004（平成16）年に正式に廃止された。駅施設は廃止後もそのまま維持され、ホームの蛍光灯も点灯しているので、走行する列車からホームの様子を見ることができる。ホームは下り線と上り線が互い違いに配置され、壁面には東京藝術大学の学生が描いたとされる、ペンギンとゾウの絵がある。しかし、戦前に開業した時からほとんどリノベーションが行われなかったため、

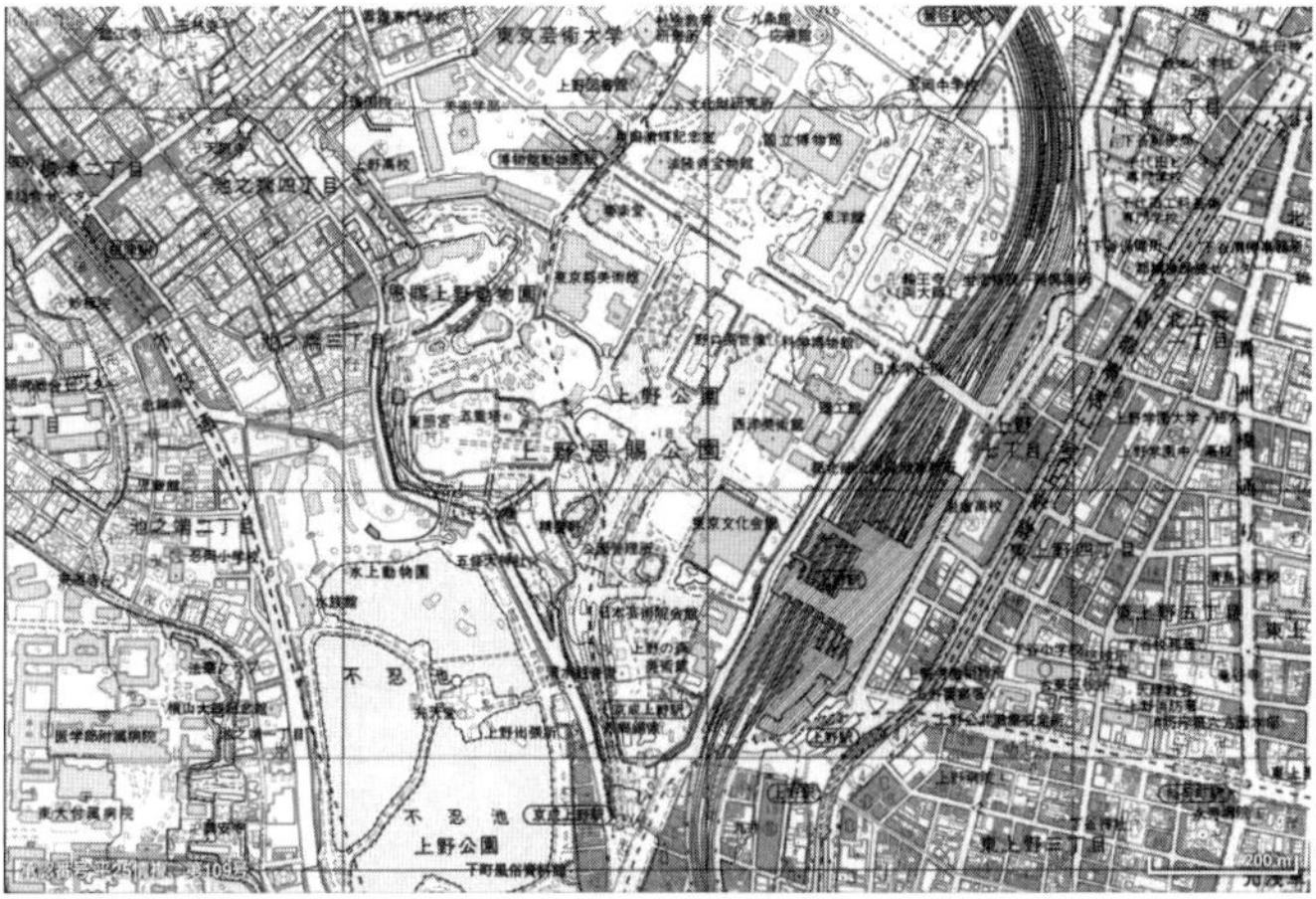

国土地理院の1万分の1地形図に描かれていた博物館動物園前駅（日本地図センター『東京時層地図』）

現役時代から構内は薄暗く、営業休止まで自動券売機も自動改札機もなかった。

博物館動物園駅の駅舎は、上野公園に面した東京国立博物館の敷地内の角地にある。元は皇室が代々引き継いできた「世伝御料地」と呼ばれる土地で、その品位を汚さないよう西洋風の荘厳な建築となっている。1997年の営業休止以降は入口が閉鎖され、トンネル内で異常が発生した時の避難経路として確保されていた。

営業休止から20年あまりが過ぎた2018（平成30）年。時が止まっていた博物館動物園駅が、再び注目される時が来た。鉄道施設としては初めて、駅舎が東京都の歴史的建造物に選定されたのだ。

旧博物館動物園駅を、東京都の歴史的建

造物の候補にするという話が持ち上がったのは、2015（平成27）年のことだ。その頃京成電鉄は、上野周辺の文教施設や自治体、企業とともに、「上野『文化の杜』新構想推進会議」を立ち上げていた。東京オリンピックに向けて、上野の文化的な魅力を高めていこうというプロジェクトだ。そのメンバーで、東京藝術大学美術学部長の日比野克彦氏が、旧博物館動物園駅の歴史的建造物選定に賛同。駅跡を改修して、文化施設として活用してはどうかと提案した。

2017（平成29）年6月、京成電鉄と東京藝術大学は、沿線の魅力を高めていく包括連携協定を締結。翌2018年、旧博物館動物園駅が東京都の歴史的建造物に選定されると、駅構内の改修がスタートした。20年にわたって閉鎖されていた駅だが、毎日行き交う列車が換気扇の役割を果たし、保線作業員などの出入りもあったため、施設は朽ち果てることなく残っていた。埃まみれになっていた駅舎は美しく整備され、一般公開の準備が進められていったのである。無機質な鉄の扉で閉鎖されていた入口には、日比野氏が上野公園や動物園をモチーフにデザインしたグリーンの扉が設置され、ついに同年11月から期間限定で構内の一部の一般公開が実現した。

駅舎内には、アーティストによるオブジェや3Dプリンターで制作された動物の骨格見本レプリカなどが展示されるアート空間となり、多くの人で賑わったのである。

この謎の建物は、実は駅舎だった。2018年、改修前の姿（写真：栗原 景）

旧博物館動物園駅の構内には、1997年の休止直前に、利用者たちによって書かれた無数の落書きがある。本来、落書きは好ましくないものだが、多くは失われる駅へのねぎらいを込めたメッセージだった。中には、将来の復活・公開を願うメッセージもあった。修復・公開にあたっては、普通ならきれいに消される落書きの多くがそのまま残され、一部は京成電鉄の公式ホームページにも掲載されるなど、多くの人の目に触れることになった。

旧博物館動物園駅の公開は、2019（平成31）年2月24日でいったん終了したが、今後も、上野公園と京成電鉄の歴史を伝える文化財として、機会ごとに公開されていくだろう。

（栗原 景）

JR東日本 中央本線

万世橋駅〈東京都千代田区〉

中央線の高架に残るターミナルの遺構

開業日
1912(明治45)年
4月1日
休止日
1943(昭和18)年
11月1日

JR中央線の快速電車で、神田駅から御茶ノ水駅へ向かうと、ガラス張りのカフェのような施設の横を通過する。ここには戦前、国鉄万世橋《まんせいばし》駅があった場所だ。ガラス張りの施設は、かつてのプラットホーム跡。現在は、JR東日本グループが運営する商業施設「マーチエキュート神田万世橋」として営業している。

万世橋駅は、1912(明治45)年に中央本線の始発駅として開業した。東京駅と同じ辰野金吾が設計した赤レンガ駅舎は甲州方面へ向かう人々で賑わったが、1919(大正8)年に万世橋〜神田〜東京間が開業すると途中駅の一つになった。1923(大正12)年、関東大震災が発生し、シンボルだった赤レンガ駅舎が倒壊。さらに、復興都市計画によって現在の靖国通りが整備され、万世橋駅は須田町交差点から一本奥に入った不便な場所となってしまい、利用者が激減した。

そこで、鉄道省は1936(昭和11)年、東京駅の高架下にあった鉄道博物館を移転す

展望デッキになっている、かつてのホームの場所。ガラス越しに中央線が通過する（写真：栗原 景）

る形で、万世橋駅舎の跡地に鉄道博物館（現在の鉄道博物館とは別）を建設した。３階建て（後に4階を増築）のモダンな展示館が建設され、駅から博物館に直接入れる改札口が設けられた。だが、太平洋戦争が激化した１９４３（昭和18）年、万世橋駅は不要不急の駅として営業休止に追い込まれてしまう。結局、戦後も駅が復活することなく、現在も法律上は「営業休止」の状態が続いている。

一方、戦災を免れた鉄道博物館は、終戦後の１９４６（昭和21）年、運営を旧鉄道省から財団法人日本交通公社（現在のＪＴＢ）に移管し、「交通文化博物館」として再スタートした。１９４８（昭和23）年には「交通博物館」に改称。長らく日本を代表する博物館の一つとして親しまれた。万世橋駅のホームにつながる階段は閉鎖されたが、踊り場付近が休憩コーナーとなり、ホーム直下の空間も展示室として活用された。ホームも残され、国鉄職員によって花壇が作られるなどして戦後を過ごすことになる。「廃止ではなく休止」「付属の博物館が存続」。この二つの要因によって、万世橋駅の遺構は消失を免れたのである。しかし、ここに駅があったことは一部の鉄道ファンと関係者を除いて忘れ去られ、朽ちていくホームの両脇を、オレンジの国電が毎日通過していった。

２００６（平成18）年、交通博物館は老朽化などを理由に、70年の歴史を閉じることになった。この時、戦後初めて万世橋駅の遺構が公開。ホームに上がる階段などは埃まみれだったが、営業休止時のタイルがそのまま残り、壁には当時のポスターが貼られたままだった。

閉館後、交通博物館の建物は取り壊されたが、ホーム跡と高架下の空間は近代化遺産として保存されることになった。２０１３（平成25）年、高架下の空間に「マーチエキュート神田万世橋」がオープン。開業時の中央階段と、鉄道博物館開館時に増設された階段はそれぞれ「１９１４階段」「１９３５階段」として公開され、ホーム跡はガラス張りの展望デッキとカフェに整備された。今では、かつてのホームに立って、左右を行き交うオレンジの中央線快速電車を眺めることができる。展望デッキには、復元時に発掘された万世橋駅ホーム上屋（屋根）の基礎も展示されている。
中央線の高架下は、交通博物館時代に新幹線の運転シミュレータや、信号機、標識等を展示していたスペースだ。現在はマーチエキュート神田万世橋の商業施設「ノースコリドー」となり、飲食店やカスタムオーダーウェアの店などが入っている。レンガ造りの外壁はできる限り万世橋駅時代の遺構が残されていて、交通博物館の建物から延びていた鉄骨の穴も観察できる。

赤煉瓦のアーチの下の空間にはいろいろなショップが入る(写真：栗原 景)

ところで、この高架線にはもう一つ駅跡がある。マーチエキュート神田万世橋から高架線沿いを御茶ノ水方向へ歩き、神田郵便局前交差点を過ぎると、高架下にアーチ状の飲食店が4軒ほど入居している。ここは、万世橋駅が開業するまで仮の始発駅として4年ほど営業していた昌平橋駅の跡。交差点に一番近い店舗が駅の入口だった場所だ。駅を偲ぶ遺構はないが、高架線とアーチは明治時代のままである。

（栗原 景）

国鉄東海道本線

新橋駅〈東京都港区〉

日本の鉄道発祥の地はビルに囲まれた記念館に

開業日
明治5(1872)年
10月14日

廃止日
1914(大正3)年
12月20日旅客廃止・
汐留駅に改称
1986(昭和61)年
11月1日廃止

日本に初めて鉄道が開業したのは、1872(明治5)年のこと。新橋〜横浜間を、イギリス製の蒸気機関車が約50分で結んだ。新橋駅は、現在の新橋駅とは別の駅で、今は汐《しお》留《どめ》シオサイトとして広告会社やテレビ局があるエリアにあった。

この初代新橋駅は、東京駅開業後に貨物専用駅の汐留駅と改称した後、1923(大正12)年に発生した関東大震災によって焼失。残ったプラットホームや施設も、1934(昭和9)年に始まった汐留駅拡張工事によって失われた。その汐留駅も、国鉄末期の1986(昭和61)年11月に廃止され、初代新橋駅の跡地には、現在「旧新橋停車場 鉄道歴史展示室」が建っている。これは、初代新橋駅の駅舎を忠実に復元したもの……と言いたいところだが、実は初代新橋駅は設計図が残っていない。そこで、残された当時の鮮明な写真と、発掘調査によって出土した基礎部分の遺構などをもとに、できる限り忠実に再現された。外壁の素材についても、独得の模様から凝灰岩《ぎょうかい》の一種である「伊豆斑石《まだらいし》」と特定さ

上：復元された新橋駅舎。右：「ゼロキロポスト」とレールのモニュメント。レールは開業当時の「双頭レール」仕様（写真：栗原 景）

れたが、産地が国定公園に指定されているため、使うことができない。そこで、よく似た特徴を備える「札幌軟石」が使用された。内部は資料が残されていないため、あえて現代のデザインで設計されたという。

現代の技術によって再現された旧新橋停車場。駅舎裏にはホームと線路が復元され、路線の起点であることを示すゼロキロポストもある。1階には常設展示室があり、かつての駅舎の基礎をガラス越しに見られるほか、再開発時に出土した鉄道用具や汽車土瓶なども展示している。今も営業している駅弁業者の名前もあり、鉄道文化の長い歴史を感じとることができるだろう。建物の外には、正面階段の一部やプラットホームの遺構も保存されている。

（栗原 景）

東京の地下に眠る駅

通勤電車が行き交う知られざる駅の遺構

◆東京メトロ銀座線
新橋駅
1939(昭和14)年9月16日統合

◆東京メトロ銀座線
表参道駅
1978(昭和53)年8月1日移転

◆京王電鉄本線
初台駅
1978(昭和53)年10月31日移転

◆京成電鉄本線
寛永寺坂駅
1947(昭和22)年8月21日休止
1953(昭和28)年2月23日廃止

東京の地下には、142ページで紹介した博物館動物園駅だけでなく、数多くの廃駅が眠っている。通勤電車が、当たり前のように日々失われた駅の遺構を通過している。

東京メトロ銀座線渋谷行きの電車で新橋駅に降りたら、一番前方、虎ノ門寄りの階段を上がってみよう。不思議なことに、向かいの浅草方面行きホームの同じ位置には階段がない。狭い階段を上ると、目の前は2022（令和4）年完成予定で駅改良工事が進行中だ。実は、柵越しに見える壁の向こうには、もう一つの地下鉄新橋駅ホーム、通称「幻の新橋駅」がある。

幻の新橋駅。それは、銀座線のルーツの一つである、東京高速鉄道の新橋駅だ。地下鉄新橋駅が開業したのは、1934（昭和9）年のこと。1927（昭和2）年に浅草〜上野間が開業した東京地下鉄道が延伸して開業した。一方、1939（昭和14）年1月には東

東京メトロ銀座線新橋駅。上の写真の階段を登ると、右写真のように目の前に壁がある。この向こうにもう一つのホームがある（写真：栗原 景）

京高速鉄道新橋～渋谷間が開業。東急グループの総帥として知られる五島慶太が設立した東京高速鉄道は、東京地下鉄道との相互乗り入れ運転を前提に建設されたが、両社の対立などから開業直後は直通運転がかなわなかった。東京高速鉄道の電車は、折り返し運転用のホームに発着し、乗客は乗り換えを余儀なくされた。虎ノ門寄りの階段は、乗り換え用の連絡階段だったのだ。

この不便な状況は8カ月で解消し、同年9月から待望の直通運転が開始された。2年後の1941（昭和16）年9月には、東京地下鉄道と東京高速鉄道が合併して帝都高速度交通営団（営団地下鉄）が発足。東京高速鉄道のホームは、周囲を壁で覆われ、留置線として存続した。乗客の目には触れなくなったが、当時の駅名標やホームの白線などはそのまま残され、いつしか「幻の新橋駅」と呼ばれるようになった。このホームは駅改良工事完成後も保存される見込みだが、銀座線の旧連絡階段は、ホームの拡張に伴って近い将来撤去される。

銀座線には、もう一つ幻のホームがある。渋谷駅から銀座線に乗ったら、次の表参道駅に到着する直前、トンネルの中に目をこらしてみよう。真っ暗な中に、かすかにホームのような施設が見えるはずだ。これは、1978（昭和53）年7月まで使われていた表参道駅の旧ホーム。半蔵門線の開業に伴い、同年8月に現在位置に移転したのだ。旧ホームは資材置き場になっているが、「出口」「千代田線」などと書かれた看板が今も当時のまま残されている（141ページ写真）。2017（平成29）年には、地下鉄開業90周年を記念して旧ホームが期間限定でライトアップされた。

京王電鉄本線の地下区間も、目をこらすと昔のホームを見ることができる。1978年10月31日、新たに開業した京王新線に移転して廃止された、旧初台駅だ。

旧初台駅地下ホームは、短命だった。京王本線が地下化され、地下ホームが営業を開始したのが1964（昭和39）年6月7日。1978年に京王新線に移転するまで、わずか14年しか使われなかったのだ。現在、旧初台駅地下ホームは工事用の資材搬入路として使われ、水飲み場や駅名標などが残っている。

博物館動物園駅が有名な京成電鉄本線地下区間にも、もう一つ廃駅がある。日暮里駅の手前、地上に出る直前にある空間。ここは、１９４７（昭和22）年に営業を休止した寛永寺坂駅の跡だ。運転席の後ろに立てば、地上へ上がる階段が見える。トンネルの外から光が差し込む場所なので、旧初台駅などと比べると目視は容易だ。太平洋戦争末期には、当時の運輸省によって接収され、下り線に国鉄の車両が引き込まれた。上りホームはネジの軍需工場として使われたといわれている。

取り壊される前の寛永寺坂駅（写真：Muyo CC BY-SA 3.0）

寛永寺坂駅は１９５３（昭和28）年に正式に廃止されたが、地上の駅舎はその後も倉庫会社の事務所として２０１６（平成28）年まで使われていた。京成電鉄が払い下げる際、駅舎を取り壊さないことを条件にしたといわれるが、倉庫会社が退去した後に取り壊され、跡地にはコンビニエンスストアが建てられた。駅舎の前にあった紀元２６００年（昭和15年）の国旗掲揚台は、今も店舗の裏に移設されて残されている。

（栗原　景）

国鉄中央本線支線

武蔵野競技場前駅

〈東京都武蔵野市〉

実働わずか8カ月の幻の終着駅

開業日
1951（昭和26）年
4月14日

廃止日
1951（昭和26）年
11月休止
1959（昭和34）年
11月1日廃止

ＪＲ中央線三鷹駅から北へ１・５㎞ほど行くと、武蔵野市役所や団地が集まるエリアがある。今から60年以上前の昭和20年代、ここに8カ月だけ営業した駅があった。

それは、武蔵野競技場前駅。三鷹駅から分岐していた中央本線支線、通称武蔵野競技場線の終着駅だった。開業は１９５１（昭和26）年4月14日。駅に隣接して東京グリーンパーク球場が開設され、プロ野球や東京六大学野球の公式試合が開催された。

武蔵野競技場前駅があった一帯には、終戦まで中島飛行機武蔵製作所があった。陸軍一式戦闘機「隼」などを生産した軍需工場だ。１９４３（昭和18）年頃、浄水場への引込線を延伸する形で、武蔵境駅から中島飛行機武蔵製作所への引込線が建設された。戦後、同工場は米軍に接収されたが、まもなく一部が返還されて、跡地に東京グリーンパーク球場が建設された。当時、都内にはプロ野球の公式戦を開催できる野球場が後楽園球場しかなく、球場整備が急がれたのだ。同時に、用途を失った引込線を活用し、球場アクセス路線が整備された。起点は武蔵境駅から三鷹駅に変更され、試合開催日にはボールをデザインしたヘッドマークを付けた直通電車が東京駅から運行された。

だが、東京グリーンパーク球場が稼働したのは、1年だけだった。当時の感覚では三鷹は都心から遠すぎたうえ、翌年に神宮球場や川崎球場でプロ野球が始まると、首都圏の野球場不足は解消してしまった。東京グリーンパーク球場はその年限りで事実上閉鎖され、武蔵野競技場線も営業休止となった。実際に稼働したのは、1951年4月から11月までのわずか8カ月だったのである。

武蔵野競技場前駅は、その後も復活することなく1959（昭和34）年に正式に廃止された。駅跡には住宅が建ち、駅を偲ぶものは何もない。

（栗原 景）

もはや痕跡はまったくないといっていい駅跡周辺（写真：栗原 景）

京急の歴史を伝える二つの駅跡

関東地方有数の歴史を誇る京急の文化財

赤い電車でおなじみの京浜急行電鉄では、今は亡き駅の跡をいくつか観察できる。最もわかりやすいのが、横浜～戸部間にある平沼駅跡だ。1931（昭和6）年に、京急の前身である京浜電気鉄道の駅として開業したが、至近距離に駅が多かったことなどから不要不急の駅とされ、戦時中の1943（昭和18）年6月に営業を休止。翌1944（昭和19）年11月20日に正式に廃止された。

1945（昭和20）年4月5日未明、横浜市を襲った横浜大空襲によって、平沼駅の施設は大きな被害を受けた。続く5月29日の空襲でも被災し、アーチ状のホーム上屋は骨組みを残して焼け落ちてしまう。

通常であれば、復興とともに撤去されるはずだった平沼駅だが、その悲惨な姿は戦後も残された。横浜市長の要請もあり、戦争と空襲の惨禍を伝えるモニュメントとして保存さ

◆京浜急行電鉄本線

平沼駅 神奈川県横浜市

開業日 1931（昭和6）年12月26日

廃止日 1944（昭和19）年11月20日

◆京浜急行電鉄大師線

六郷橋駅 神奈川県川崎市

開業日 1899（明治32）年1月21日

廃止日 1949（昭和24）年7月1日

れたのだ。上屋の鉄骨は架線を支える支柱として使われ、京急電鉄の歩みを見守ることになった。鉄骨は、老朽化によって1999（平成11）年5月に撤去されたが、ホームや地上につながる階段などは、廃止から75年あまりが経過した今も、その姿を留めている。

上：平沼駅跡。ホームが明確に見て取れる。右：わずかにホームが残る六郷橋駅跡（写真：栗原 景）

京急川崎と小島新田を結ぶ大師線にも、駅跡がある。第一京浜が多摩川を渡る六郷橋の直下にある、六郷橋駅跡だ。京浜急行は、この六郷橋駅と大師駅（現・川崎大師駅）の2kmを結んで1899（明治32）年に開業した、大師電気鉄道がルーツ。当初は路面電車で、川崎駅と称した初代六郷橋駅は東海道の路上にあったが、1926（大正15）年12月24日に大師線が現在と同じ専用軌道に移り、六郷橋駅も移転した。同駅は戦時中に休止となり、1949（昭和24）年7月に正式に廃止された。今もホームの跡が残る。（栗原 景）

姿を消した都会の地平ターミナル駅2選

利便性向上のために姿を変えた駅

◆JR西日本 片町線
片町駅 大阪府大阪市
開業日 1895(明治28)年8月22日
廃止日 1997(平成5)年3月8日

◆JR西日本 関西本線
JR難波駅 大阪府大阪市
開業日 1899(明治22)年5月14日
廃止日 現存

ＪＲ西日本では、発足翌年の１９８８（昭和63）年に京阪神の一部路線で路線愛称を設定した。たとえば、大阪～京都間はＪＲ京都線、京都～米原～長浜間は琵琶湖線、大阪～神戸～姫路間はＪＲ神戸線といった具合で、一つの路線でも区間によって愛称が異なったり、逆に複数路線に跨って一つの愛称が設定されたりしている。これらの愛称は車内放送や駅の案内に使われ、正式な路線名を目にすることは少なくなった。

京橋～木津間を走る「学研都市線」も、そんな愛称の一つだ。いまや学研都市線という呼び方は広く浸透し、正式な路線名を知らない人も多い。そして、そんな人々からこう聞かれることも次第に多くなった。「学研都市線の正式名称は、どうして『片町線』というの？」と。つまり、もともと同線に片町駅があったことを知らない人が増えたのだ。

片町線は、１８９５（明治28）年に浪速鉄道が片町～四条畷《しじょうなわて》間を開業させたのが始まりである。その後、徐々に東へと延伸され、3年後には木津までの全線が開業した。一時期、片町線から大阪駅を目指すために放出駅から片町駅のすぐ北側を通って桜ノ宮駅に至る路

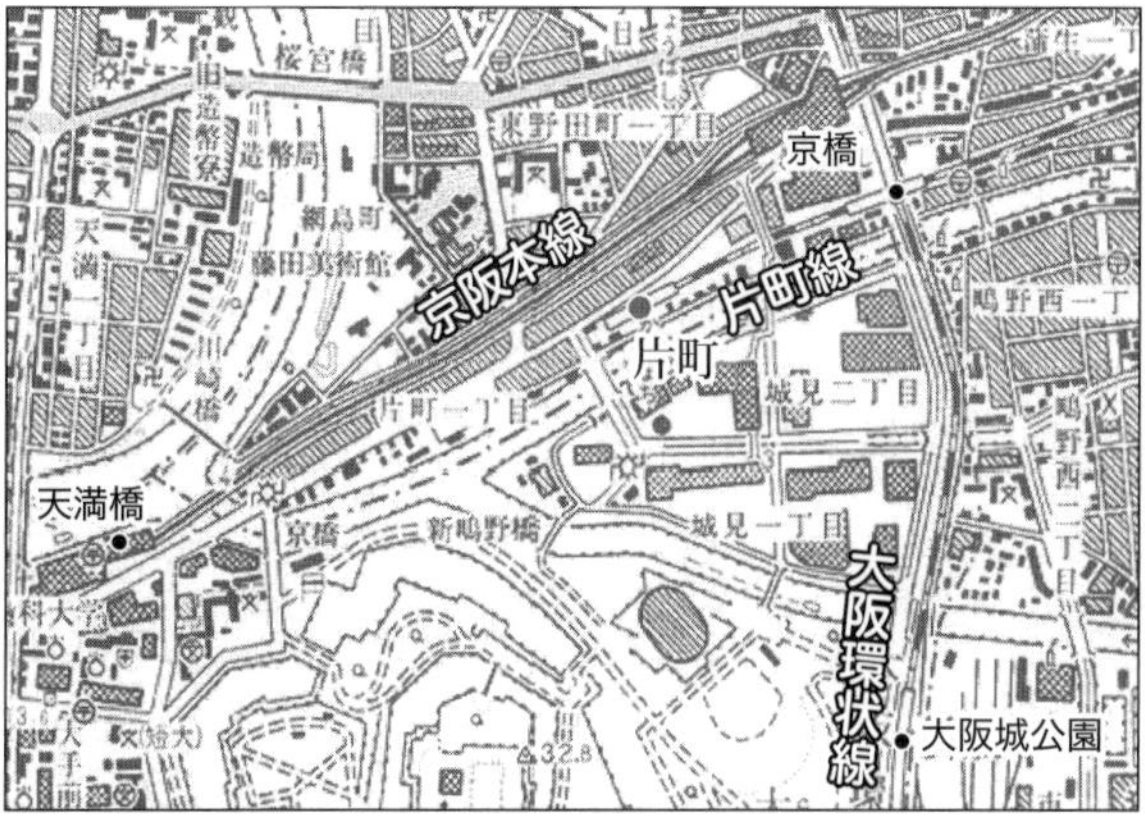

片町駅があったころの2万5000分の1地形図（「今昔マップ on the web」（(C)谷　謙二））

線が敷かれ、片町駅は貨物専用駅となったものの、6年ほどで旅客営業を再開している。以来、長らく片町線の始発駅として親しまれたが、1997年にJR東西線が開業すると、並行する片町～京橋間が廃線となり、片町駅もすぐ北側に開設された大阪城北詰駅に役目を譲る形で歴史に幕を下ろした。現在、跡地はコインパーキングやビルが建っており、都会の中の地平駅をしのぶ遺構は残っていない。

　片町線の片町～長尾間では1979（昭和54）年に西日本の国鉄路線で初めて自動改札機が導入された。片町駅に設置されていた機器は、廃駅後に交通科学館に収蔵され、現在は京都鉄道博物館で展示されている。

さて、大阪にはもう一つ、消え去った「都会の中の地平駅」がある。それは、1889（明治22）年に関西鉄道として開業した関西本線の終着駅、湊町駅だ。かつて関西鉄道は、名阪間のシェアを国鉄東海道本線と奪い合い、熾烈な乗客獲得戦争が繰り広げた。国有化後も東海道本線より距離が短いのを武器に近鉄などと渡り合い、一時は優等列車も設定されたものの、近鉄が名阪直通特急の運転を開始し、また東海道新幹線が開業すると地位が低下。現在は、奈良エリアから大阪への通勤輸送が主体となっている。

終着駅だった湊町駅は現在の位置よりも北側にあり、道頓堀川に面していたことから、水上輸送の結節点として貨物輸送も盛んに行なわれていたが、1985（昭和60）年に貨物営業を廃止。広大な敷地の有効活用と、難波エリアにある他路線との乗り換えの利便性向上を目指して、1989（平成元）年に現在の位置へ移転するとともに地下化された。跡地にはライブハウスやラジオ局、阪神高速道路の出入り口などがある複合施設が建設され、また同駅を迂回していた千日前通が直線化されている。さらに、その5年後には関西国際空港の開港に合わせて、駅名もＪＲ難波に改称。よく間違えられるのだが、湊町駅の地下化と改称は同時ではない。駅名に「ＪＲ」とつけられたのは同駅が初めてであり、また駅名にアルファベットが入れられたのも同駅が日本初である。

ところで、同駅が地平駅でなく地下駅となったのには大きな理由があった。このころ既

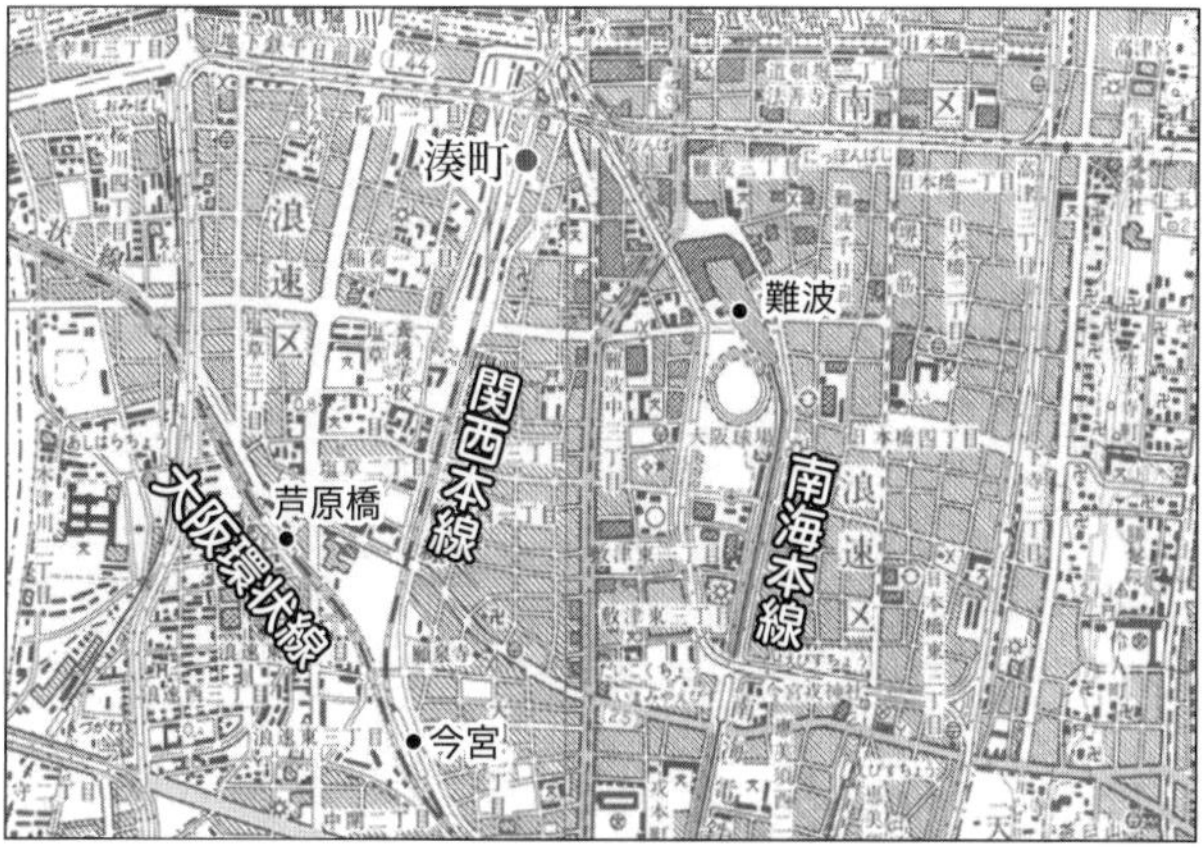

地上駅としての湊町駅があったころの2万5000分の1地形図（「今昔マップ on the web」（(C)谷　謙二））

に、同駅から北へ延びる「なにわ筋線」の構想が持ち上がっていた。都心部を通る同線は当然ながら地下線となるため、これに対応したのである。実際、駅北側は少し先までトンネルが延びており、現在は引き上げ線として使われている。

なにわ筋線は、景気の低迷などで長らく計画が進まなかったが、関西国際空港と大阪市中心部や梅田エリアを結ぶ有力なルートとして、２０１０年代に協議が進展。２０１７（平成29）年には、２０３１（令和13）年春の開業を目指して整備を進めることが発表された。開業後は、関空特急「はるか」や特急「くろしお」などが同駅を経由するとみられており、明治から五つの元号を跨いだ同駅は今、新しい時代に更なる進化を遂げようとしている。

（伊原　薫）

関西鉄道(大仏鉄道)

大仏駅
〈奈良県奈良市〉

わずか9年で廃止されたもう一つの奈良駅

日本最大の大仏《だいぶつ》として知られる、奈良・東大寺の盧舎那仏《るしゃなぶつ》像。そこから西へ1・5㎞ほどの場所に、「大仏鉄道記念公園」がある。ここは、関西鉄道が建設した、大仏駅の跡地だ。佐保川沿いの住宅地にあるごくごく小さな公園で、動輪のモニュメントが置かれているほかは、駅跡を感じさせる遺構はない。それもそのはず、大仏駅が廃止されたのは、今から110年以上前の1907(明治40)年のこと。開業は1898(明治31)年で、わずか9年の命だった。

大仏駅を建設した関西鉄道は、現在のJR関西本線や草津線などを建設した私鉄だ。旧東海道に沿って、名古屋〜四日市〜柘植《つげ》〜草津間に鉄道を開通させると、続いて柘植駅から分岐して奈良・大阪方面への路線を建設しようとした。当時、関西では多くの私鉄がしのぎを削っており、関西鉄道は最短ルートで奈良駅を目指した。この時、奈良駅乗り入れをめぐる手続きが手間取ったため、暫定的な終着駅として設置されたのが大仏駅だ。有名

開業日
1898年(明治31年)
4月19日

廃止日
1907(明治40)年
8月21日

な東大寺が比較的近かったことから、宣伝の意味もあって名づけられたらしい。

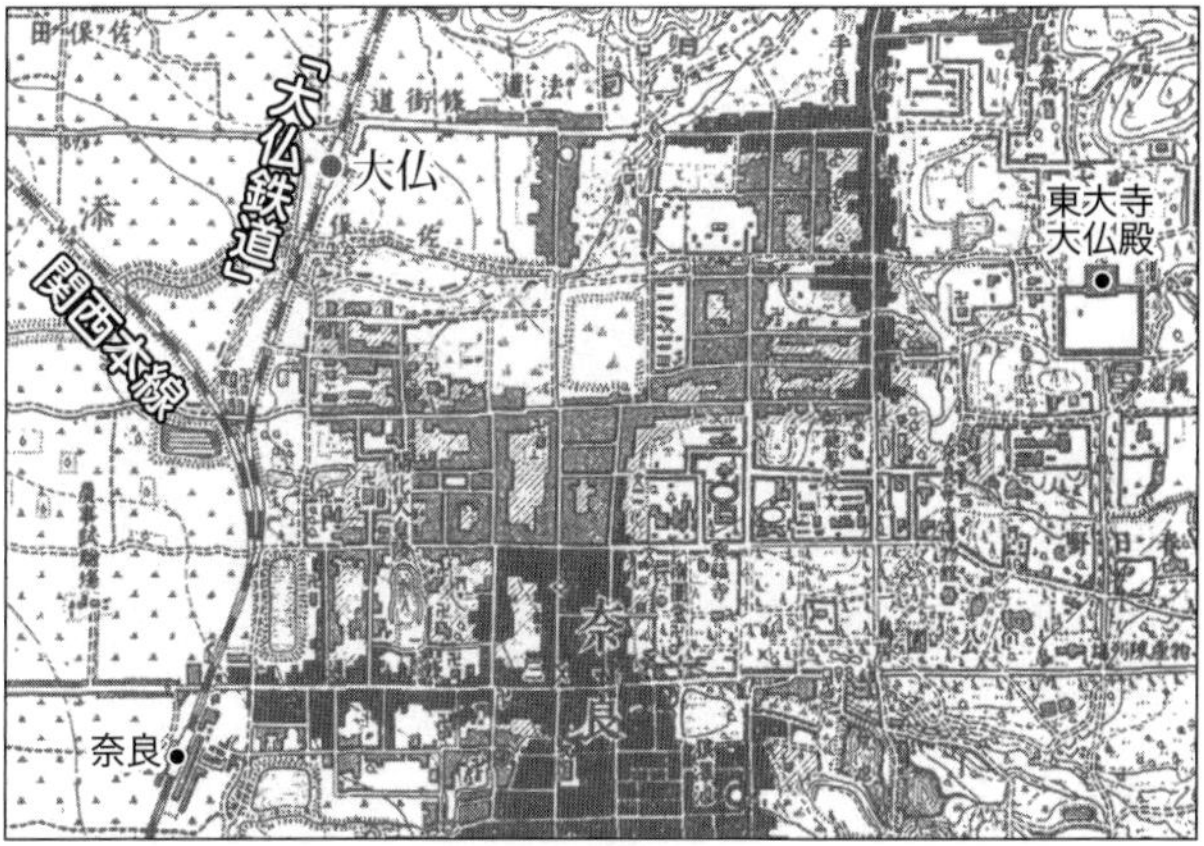

1912年の5万分の1地形図には、当時すでに廃止されていた大仏駅が掲載されている（「今昔マップ on the web」（(C)谷　謙二））

大仏駅開業の翌年、関西鉄道は奈良駅への乗り入れを果たしたが、最短ルートにこだわったために、途中の黒髪山付近にある急勾配がネックとなった。前後して開業した木津経由のルートのほうが、多少遠回りでも早く、トラブルも少なかったのだ。競合相手だった大阪鉄道や奈良鉄道が関西鉄道と合併すると大仏駅経由のルートは存在意義を失い、加茂～大仏間はわずか9年で廃止されたのである。

廃止後、加茂～大仏間は、「大仏鉄道」と呼ばれるようになった。線路跡は大部分が道路に転用され、大仏駅跡周辺に鉄道の面影はほとんどない。それでも、大仏鉄道記念公園の南側を流れる佐保川には、大仏鉄道の鉄橋の基礎が残っている。

（栗原　景）

神戸電鉄 有馬線

菊水山駅

〈兵庫県神戸市〉

都会からわずか10分の距離にあった秘境駅

開業日
1940(昭和15)年10月5日

休止日
2005(平成17)年3月26日

廃止日
2018(平成30)年3月23日

いわゆる秘境駅の一つとして、「都会の中の秘境駅」というのがある。一般に秘境駅とは、無人地帯にあったり駅に至る道がなく、鉄道以外ではたどり着くのが困難な駅を指すが、「都会の中の秘境駅」でそのようなシチュエーションはまれである。この場合、およそ都市部にあるとは思えない簡素な駅や、極端に利用が少ない駅といった意味で使われることが多い。東京であれば小田急電鉄の南新宿駅、大阪であれば南海電鉄の汐見橋駅が、その代表格といえる。だが、大都市の中心部から列車に10分乗っただけでたどり着ける〝ホンモノの秘境駅〟が、かつて神戸にあった。神戸電鉄の菊水山駅がそれである。

阪急・阪神・山陽の3私鉄も乗り入れる新開地駅から、神戸電鉄有馬線に乗車。斜面に広がる住宅地を縫うようにして走った列車は、4駅先の鵯越《ひよどりごえ》駅を越えると一気に山間へと入ってゆく。やがて左側に石井ダムが見えてくるが、その手前に菊水山駅はあった。周囲に人家はなく、それ以前に駅舎も自動券売機もない。駅からは細い階段が伸び、はるか下を走る道路につながっていた。同駅が開業したのは戦時中の１９４０（昭和15）年で、設置された経緯は定かでないものの、戦後はハイキングで訪れる登山客でにぎわい、多い時は１日１００人以上の利用があったという。一時は近くにある下水処理施設への通勤客もいたが、時代の流れとともに利用者は減少。２０００年代に入ると、利用者は１日十数人にまで落ち込んだ。この頃には菊水山駅を通過する普通列車も多く、停車するのは１～２時間に１本という状態となる。２００５（平成17）年、ついに営業休止となり、そのまま13年後に廃止された。

現役時代の菊水山駅ホーム

　レジャーの変化で駅が開設・廃止される例は、この他にもいくつかある。宮城県の仙山線西仙台ハイランド駅や八ツ森駅は、それぞれ近隣の遊園地やスキー場、ハイキングコースの利便を図るために開設されたが、施設の廃止やハイカーの減少により２０１４（平成26）年に廃止された。一方、もともと仮乗降場だった新潟県の上越線岩原《いわっぱら》スキー場前駅は、近隣に高校ができたことから駅へと昇格。現在も存続している。

（伊原　薫）

思い出の廃止駅

国鉄志布志線末吉駅(鹿児島県)

1987(昭和62)年3月28日廃止。志布志線・大隅線の廃止駅はいくつかがいろいろな形で残っている。この末吉駅は末吉鉄道記念館があり、かつての待合室がある。線路跡は嵩上げされて道路となっている。(編集部)

まだまだあるぞ

第５章

廃止駅を取り巻く驚きの事情

長野電鉄屋代線綿内駅（現役時代／写真：編集部）

道半ばで途切れた終着駅跡

痕跡すら消えた原野の中の廃駅たち

まっすぐに延びる国道の横に、原野と畑が広がっている。周囲を見回しても、民家は一軒も見当たらない。ここに、かつて駅があったと言われても、にわかには信じがたい。国鉄根北《こんぽく》線の終着駅、越川駅は、そんな場所にあった。

根北線は、釧網《せんもう》本線の斜里《しゃり》駅（現・知床斜里駅）から、知床半島と斜里岳の間にある根北峠を越えて、標津《しべつ》線根室標津駅（廃止）までを結ぼうとした路線だ。入植地の拡大や農産物輸送のため、昭和10年代に建設が始まったが、太平洋戦争の開戦によって工事が中断。戦後12年を経た1957（昭和32）年に、路盤が完成していた斜里〜越川間12・8kmがようやく開業した。しかし、開業時でさえ沿線は人口希薄地帯で、ほぼ無人の根北峠を越える鉄道が完成することはなかった。根北線は開業直後から「日本一の赤字ローカル線」となり、開業からわずか13年後の1970（昭和45）年に全線が廃止されたのである。

◆国鉄根北線

越川駅 北海道斜里郡斜里町

開業日 1957（昭和32）年11月10日

廃止日 1970（昭和45）年12月1日

◆国鉄白糠線

北進駅 北海道白糠郡白糠町

開業日 1972年（昭和47）年9月8日

廃止日 1983（昭和58）年10月23日

上：「越川橋梁」と呼ばれるコンクリートアーチ橋。右：完全な無人地帯となった越川駅跡（写真：栗原 景）

1957年に開業した越川駅は貨物も取り扱う有人駅だったが、わずか5年後の1962（昭和37）年には無人化された。廃止までは木造駅舎が残されていたが、完全に撤去され、何の痕跡もない。周囲も今は完全な無人地帯である。斜里～越川間には90年代まで路線バスが運行されていたが、かなり手前の越川小学校まで短縮された末に、2004（平成16）年に廃止された。その越川小学校も今は廃校となり、越川地区は公共交通空白地帯となっている。

越川駅の跡から少し峠寄りの国道脇に、古い石碑がある。「駅」の文字が読めるが、これは越川駅ではなく、その前身にあたる越川駅逓所《えきていじょ》の記念碑だ。駅逓所とは、明治時代から昭和初期にかけて北海道にあった施設で、宿泊や郵便、物流のための人馬を中継する人馬継立などの業務を行っていた。

越川駅逓所は、根北峠の物流中継点として1894（明治27）年から1941（昭和16）年まで運営された。石碑が建立されたのは、根北線が健在だった1968（昭和43）年10月。歴代の駅逓所取扱人（責任者）が記され、4代目で最後の取扱人だった平田平治氏の名前も見える。平田氏は宮城県から入植し、1911（明治44）年から1941年まで31年間越川駅逓所取扱人を務めた。戦後も長寿を全うし、根北線の営業最終日である1970年11月30日には、越川駅の1日駅長を務めている。越川駅逓所の記念碑は、国鉄越川駅がこの辺りに存在したことを物語る、唯一の遺構だ。

記念碑から、さらに500mほど峠寄りに進むと、国道の左右にコンクリートアーチ橋が姿を現す。これは、1939（昭和14）年に根北線の一部として竣工した、第一幾品川《いくしながわ》橋梁（通称・越川橋梁）だ。長さ147m、高さ21・7mの10連アーチ橋で、戦時体制下で建設されたため、鉄筋を使っていない。国道を跨ぐ部分は撤去されているものの、コンクリート鉄道橋としては北海道最大の規模を持ち、国の登録有形文化財に登録されている。

越川橋梁の脇からはドラム缶の置かれた小径が分岐し、その奥に共同浴場の越川温泉がある。地元の人々が管理する無人の温泉浴場で、知床の地底から湧き出す源泉掛け流しの湯を楽しむことができる。

延伸の志半ばで途切れた、何もない終着駅といえば、同じ北海道の白糠《しらぬか》線北進駅も忘れられない。釧路の西、根室本線白糠駅から分岐していた白糠線は、池北線（後のちほく高原鉄道、現在は廃止）足寄駅までを結ぶ計画だったが、１９７２（昭和47）年に北進駅まで開業したところで建設工事がストップ。頼みの綱としていた沿線の炭鉱が衰退し、過疎化が進んだためだった。北進駅は、二股と呼ばれる小さな集落からあぜ道の坂を降りた原野にあり、線路とホーム以外は何もなかった。「北進」という名称は、開拓が北へ進むようにとの願いから付けられた二股の別名で、今も北進簡易郵便局に名前を残している。白糠線は「日本一の赤字路線」として知られるようになり、北進駅開業からわずか11年後の１９８３（昭和58）年10月、国鉄再建法に基づく赤字ローカル線廃止の第1号として廃止された。二股には今も民家が数軒あるが、北進駅があった場所は原野に返り、訪れる人もいない。（栗原 景）

北進駅の駅ホーム跡と思わしき場所。写真奥が白糠方向(写真：なな爺)

長野電鉄屋代線

信濃川田駅 〈長野県長野市〉

公園化の計画が挫折し車両も消えた

開業日
1922（大正11）年
6月10日
廃止日
2012（平成24）年
4月1日

雑草が伸びたホームに眠っていた電車が、２０１９（平成31）年春、姿を消した。長野電鉄屋代《やしろ》線の旧信濃川田駅に「保存」されていた、４両の車両たちが解体されたのだ。駅跡一帯を「屋代線トレインメモリアルパーク」として整備する計画は、全面的に見直されることになった。

長野電鉄屋代線は、しなの鉄道屋代駅と長野電鉄長野線須坂駅を結んでいた、24・４kmの路線だ。１９２２（大正11）年に河東《かとう》鉄道として開業したが、長野市中心部にも、新幹線にも直結しなかったため利用が落ち込み、２０１２（平成24）年に廃止された。途中駅は11あったが、松代《まつしろ》駅、信濃川田駅、綿内《わたうち》駅の３駅については木造駅舎とホームが残され、耐震補強工事を施したうえで休憩所などとして活用されることが決定。中でも信濃川田駅には、地元の人々の要望によって「屋代線トレインメモリアルパーク」構想が立てられ、長野電鉄が保存していた９両の車両が留置された。しかし、車両を保存・維持するノウハ

上：保存されていた車両は残念ながら解体されてしまった。右：駅舎はいまもそこに佇む（写真：栗原 景）

ウに乏しかったことや、車両にアスベスト（石綿）が使われていることが判明したことなどから保存を断念。3両は他の施設に再譲渡され、残る6両は2019年春までにすべて解体されてしまった。残った木造駅舎はバスの待合室として利用されているが、老朽化が激しく、今後については不透明だ。

残る2駅のうち、松代駅については、長野市を代表する観光地である松代城に隣接していることもあり、駅舎を保存する方向で検討が進められている。単純に駅を保存するといっても、現代の基準に合った耐震補強を行い、人が集まる施設として維持していくのは難しい。信濃川田駅は、郷愁だけでは駅を残していくことはできないということを教えてくれる。

（栗原 景）

関西電力 関電トンネル無軌条電車線

黒部ダム駅

〈富山県中新川郡立山町〉

最初からレールがなかった「廃止駅」

2018（平成30）年は、34の鉄道駅がその役目を終えた。このうち、JR北海道の1駅（羽帯《はおび》駅）を除いた33駅は、全てJR西日本の駅だ。理由は、これらの駅が所属するJR三江《さんこう》線の廃止によるもので、同年に廃止された鉄道路線は三江線が唯一である、と思われている。

何やら意味深な書き方をしたが、実は2018年には鉄道路線がもう一つ廃止となっており、それに伴い前述の34駅に加えて2駅が廃止された。結論から言うと、その路線とは関西電力が運営する関電トンネル無軌条電車線、通称「関電トロリーバス」である。トロリーバスは、正式名称の通り「軌条（レール）のない電車」、つまりれっきとした鉄道なのだ。上空に張られた架線から集電装置で電気を取り入れ、モーターを回して走るという仕組みも、電車のそれと変わらない。違いといえば、鉄製車輪ではなくゴムタイヤで走ることと、レールがないためハンドルがついていること、そしてバスっぽい車体をしていること

開業日
1964（昭和39）年
8月1日

廃止日
2018（平成30）年
12月1日

など、些細な点ばかり（?）である。

黒部ダム駅。地下鉄に迷い込んだバス、といった雰囲気（写真：伊原 薫）

この路線が普通のバスではなくトロリーバスを導入した理由は、その環境にある。同線はもともとダム建設の資材運搬に利用されていた長大トンネルを走るため、排気ガスが坑内に充満してしまう。そこで、観光用として転用する際、排気ガスが出ないトロリーバスを採用したというわけだ。開業にあたっては、関西電力の地元・大阪でトロリーバスを運営していた大阪市交通局から、技術的なアドバイスや運転士養成の支援を受けている。

開業当初に導入されたバスは、パワーステアリングがなくアクセルの加減が難しいなど、運転にコツを要するものが多かったそうだが、技術の進歩とともに様々な点が改良された。最新式の３００形は、近年の鉄道車両と同様にＶＶ

VFインバータ制御方式を採用しており、またモーターは300系新幹線と同じものを使っているという。一方で、バス自体も技術の発展が進み、近年ではバッテリーで動く電気バスが実用化されたことから、同線にも導入することが可能となった。法律上「鉄道」とされるトロリーバスは、運転するためには鉄道車両と同じ「動力車操縦者免許」が必要となるなど、運営面でのハードルが高い。また、トロリーバスならではの独特のメンテナンスや架線の維持管理など、コストもかかる。そこで関西電力は、車両の更新時期に合わせてトロリーバスを電気バスで置き換えることにした。すなわち、鉄道路線を廃止し、バスに置き換えるということである。

2018年11月30日、立山黒部アルペンルートの同年の営業終了をもって、関電トロリーバスは引退。黒部ダム駅や扇沢駅は「トロバスラストイヤー」と銘打って、写真展示や記念撮影スポットの設置などが行われた。最終便は黒部ダム駅でセレモニーも実施され、3台続行のトロリーバスが多くの人を乗せて山を下りた。その後、冬期運休区間を利用して電気バスへの入れ替えが行われ、両駅も設備更新などを経て、2019年4月に新たなスタートを切った。

なお、立山黒部アルペンルートにはもう一つ、立山黒部貫光トロリーバスがあり、日本最後のトロリーバスとして活躍を続けている。

（伊原 薫）

姫路市交通局
姫路モノレール

手柄山駅

〈兵庫県姫路市〉

夢に終わった陰陽連絡モノレールの遺構

英語で「1本の軌条」という意味のモノレールは、欧米で19世紀後半に考案され、日本では1957（昭和32）年に上野動物園内で初めて本格的な営業運転を開始した。当時は高度経済成長の真っただ中、高架鉄道よりも建設費が安く土地を有効活用できるモノレールは都市で有効な交通手段と考えられたため、多くの都市で導入が検討されることになる。

そんな都市の一つに、姫路市があった。海外でモノレールを視察した当時の姫路市長が、市内を南北に貫く公共交通として導入を積極的に推進。折しも、姫路城の修理完了を記念した「姫路大博覧会」が1966（昭和41）年に開催されることから、まずはこの会場の一つである手柄山へのアクセス手段として、またモノレール自身も博覧会の展示施設の一環との位置付けで建設することになった。開業は2カ月間の会期も後半に入った5月中旬にずれこんだものの、西日本では奈良ドリームランド園内に続く2例目のモノレールという物珍しさもあって、大盛況だった。

開業日
1966（昭和41）年
5月17日

休止日
1974（昭和49）年
4月11日

廃止日
1979（昭和54）年
1月26日

姫路市では、会期終了後に市南部の工業地帯へ延伸するとともに、将来的には姫路市内を環状に結び、さらに遠く日本海側の鳥取まで線路を伸ばすという壮大な構想もあった。姫路モノレールが採用したロッキード式は、レールの上に車両が跨る形となる「跨座式モノレール」の一種で、現在多くの路線で採用されているようにゴムタイヤで走行するのではなく、鉄製レールの上を鉄車輪で走行する方式である。この方式は、ゴムタイヤよりも高速走行が可能というメリットがあり、メーカーでは最高時速160㎞と謳っていた。前述の鳥取延伸構想も、こうした性能面を加味してのものだったのかもしれない。

だが、博覧会の終了後は利用者が激減した。お披露目的な意味合いもあったため営業距離が短く、終点の手柄山駅は山の上ということに加え、タクシーのほうが早くて安いとさえいわれる運賃が災いして、博覧会特需のあった開業初年度でさえ営業成績は赤字だった。翌年度以降は毎年1億円以上の赤字が発生し、市営交通という性質上、その補填は市民の税金によって行われたことから、早くも廃止の意見が飛び交った。加えて、モノレール建設を強力に推進した市長が選挙で落選したこと、ロッキード式モノレールを主導してきたロッキード社が開発から撤退したことなども影響し、開業からわずか8年で営業を休止。そのまま再開されることはなく、1979年に正式に廃止された。

終点の手柄山駅は、西洋の山城をイメージしたデザインで、車庫も併設されていた。休止

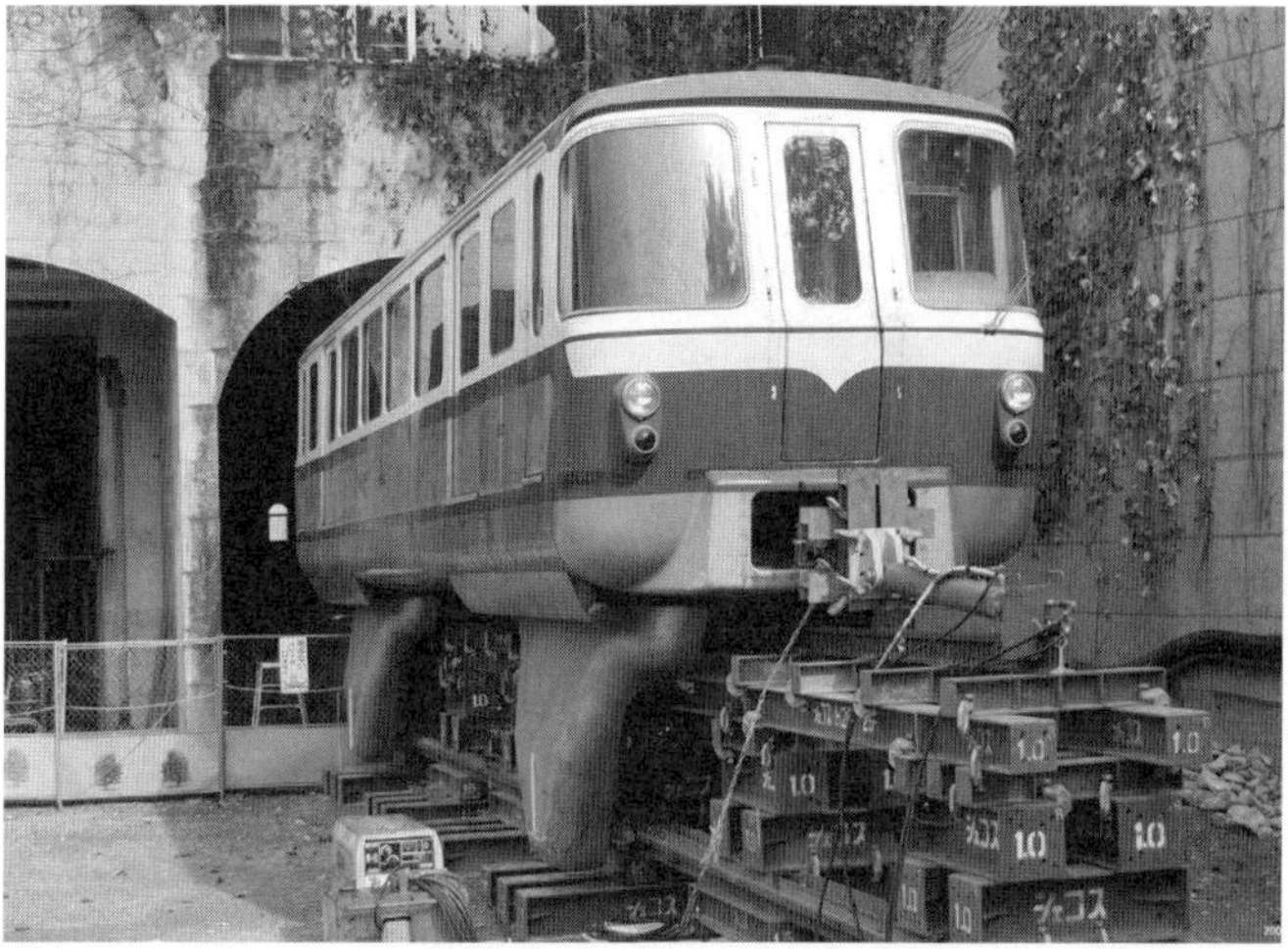
2009年、整備にともなって引き出されたモノレール車両（写真：伊原 薫）

後は、駅舎の一部が植物園の施設として活用されたものの、ホームや軌道部分から建屋への出入り口は閉ざされ、中は全くわからない状態のまま30年以上が経過。いつしかここが駅だったことは忘れられ、建屋内に車両が残っているのかどうかさえ不明だった。

転機が訪れたのは２００７（平成19）年で、手柄山駅とそこに残されたモノレール車両を公開する検討が始められ、モノレール車両が保存されていることが公になった。２００９年には建屋整備工事に伴ってモノレール車両が35年ぶりに屋外へと出され、２日間限定で公開イベントも開催。市の予想をはるかに上回る、約１万５０００人が訪れた。駅舎部分の整備は２０１１年に完了し、「手柄山交流ステーション」としてオープン。4両あった車両は2両がホームだった部分に展示され、うち1両は車内にも入ることができるほか、解体された2両も一部の部品が保存されている。

手柄山交流ステーションで展示保存された姿（写真：伊原 薫）

姫路モノレールといえばもう一駅、大将軍駅があった。唯一の中間駅として建設されたこの駅は、土地を最大限に活用するため、高層マンションの中層階をモノレールが通るユニークな構造となっていた。だが、姫路駅から５００ｍ弱の距離だったことから駅の利用者は少なく、開業からわずか2年足らずの１９６８年1月に休止。その後もマンション部分は利用されていたものの、建物の老朽化によって２０１７（平成29）年に解体された。解体前には駅舎部分の公開イベントが行われ、10倍以上という抽選倍率をくぐり抜けた人々が、最初で最後の光景を目に焼き付けた。

（伊原 薫）

三木鉄道

三木駅
〈兵庫県三木市〉

人の流れを変えることができなかった路線

駅があるということは、ごく一部の特殊なケースを除けば、そこに人が住み、あるいは運ぶべき物があるということである。そして同様に、ほとんどの鉄道路線は人や物が動く方向に向かって伸びている。途中に大河や険しい山がある場合は別として、わざわざ大回りしたり、人の流れに逆らって建設する必要性はないからだ。だが、時が経つにつれて人の流れが変わり、あるいはさらに便利な路線ができたことで、利用者が減り廃線につながることもある。兵庫県西部を走る三木線は、その例といえる。

三木線が全通したのは1917（大正6）年のこと。三木は刃物や金物の町として栄えており、それらを運ぶ路線として播州鉄道が開通させた。当時、播州鉄道は高砂〜加古川〜厄神《やくじん》〜野村（現：西脇市）間などを既に運営していて、三木線は厄神で接続。これらの路線は、加古川水系で発達していた水運を置き換えるという目的があったことから、このルートがとられた。

開業日
1917（大正6）年
1月23日

廃止日
2008（平成20）年
4月1日

そして、このルート選定が三木線の運命を左右した。もともと、三木地域からの人の流れは、南へと進み明石方面に出ることが多かった。だが、三木線は貨物運搬が主目的だったことから、開業当初からそもそも人の流れと一致しておらず、そのため旅客利用は低調だった。この状況は、1938（昭和13）年に三木電気鉄道（現在の神戸電鉄粟生《あお》線）が開業すると、さらに顕著になった。神戸方面へ出る人々が、加古川経由で大回りする三木鉄道ルートよりも、ほぼ直線の三木電気鉄道ルートを選ぶのは当然のことで、三木線を利用する旅客はさらに減少。同線の収入は貨物輸送に依存することとなる。

しかし、頼みの綱の貨物輸送がトラックへの転換により、1974（昭和49）年に廃止され、戦時中に国有化されていた同線の収支は危機的状況に陥る。三木市は神戸のベッドタウンとして発展しつつあったが、その中心部に乗り入れる国鉄三木線の利用者は限られていた。結局、1981（昭和56）年には廃止を前提とした第一次特定地方交通線にリストアップされ、1985年に三木鉄道として生まれ変わった。だが、第三セクター鉄道化とともに加古川までの直通列車がなくなったことで、三木鉄道はさらなる苦境に陥る。開業当時に1日800人ほどだった輸送密度（1日1kmあたりの平均通過人員）は、翌年に早くも630人、2年後には510人と、国鉄の廃止基準だった4000人を大きく下回った。その後も改善のめどは立たず、もはや鉄道の維持は困難となる。2006（平成18）年に

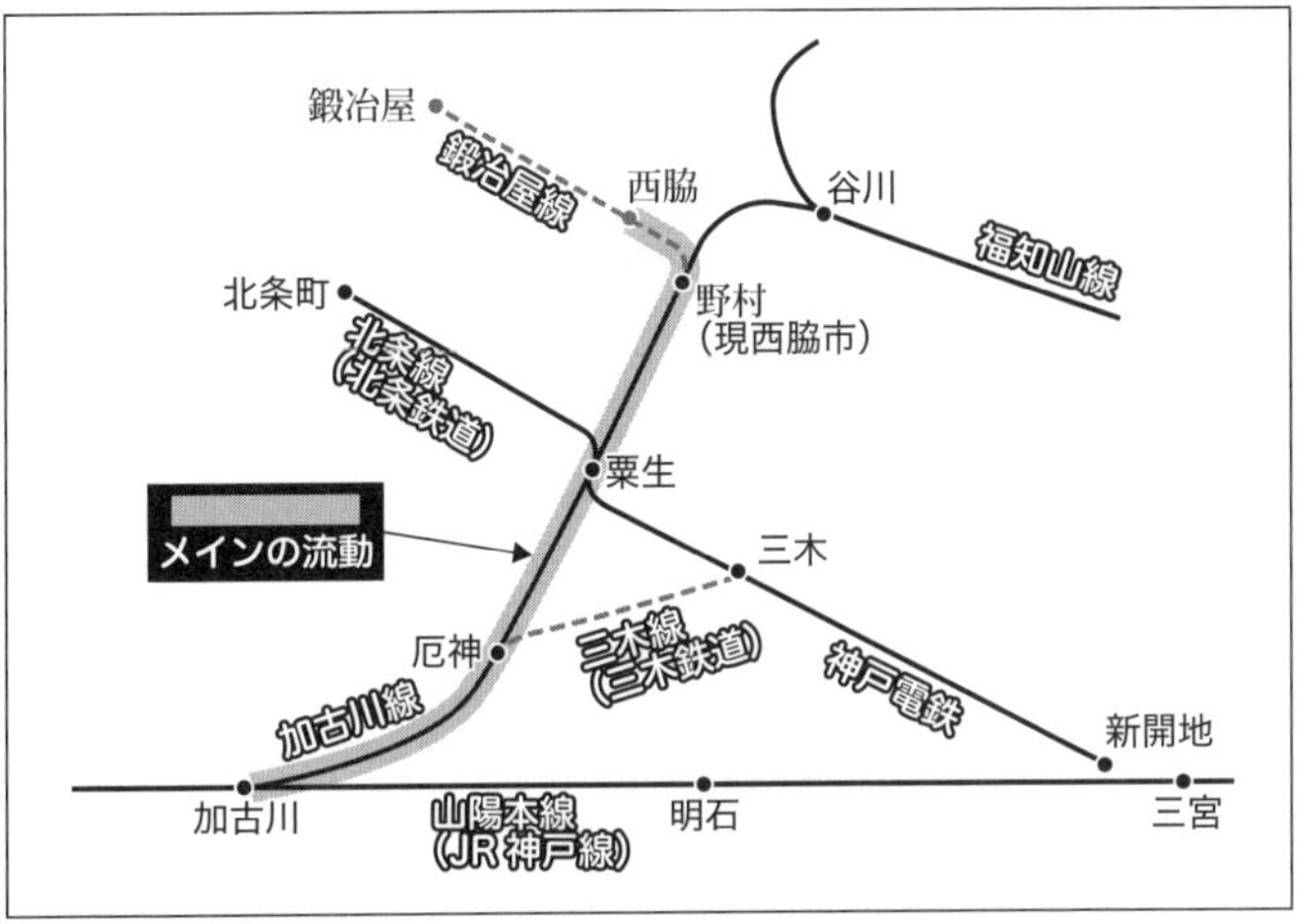

は、それまで財政支援を行ってきた地元の三木市で、三木鉄道の廃線を主張する市長候補が選挙に当選。これが、三木鉄道の命運が決まった瞬間だった。

２００８年春の廃止後、しばらく駅舎や線路敷はそのままの状態だったが、後に三木駅は隣接していた車庫や構内を含め「三木鉄道記念公園」として整備された。ただし、三木駅舎はいったん解体され、移築時にかなり手が加えられているほか、線路やプラットホームも撤去されている。また、当初は一部の車両も保存予定だったが、最終的には全車が他の鉄道会社に売却され、第二の〝人生〟を送っている。

さて、開業以来三木から神戸へのメインルートとされてきた神戸電鉄粟生線だが、現在この粟生線も利用者が減少している。代わって台頭してきたのが、三木市街と神戸市中心部を直結する快速バスだ。かつて三木線から神戸電鉄に乗客がシフトしたように、より便利で快適な交通手段に人は移ってゆく。それはもう、誰にも止められず、また咎めることのできないものであろう。

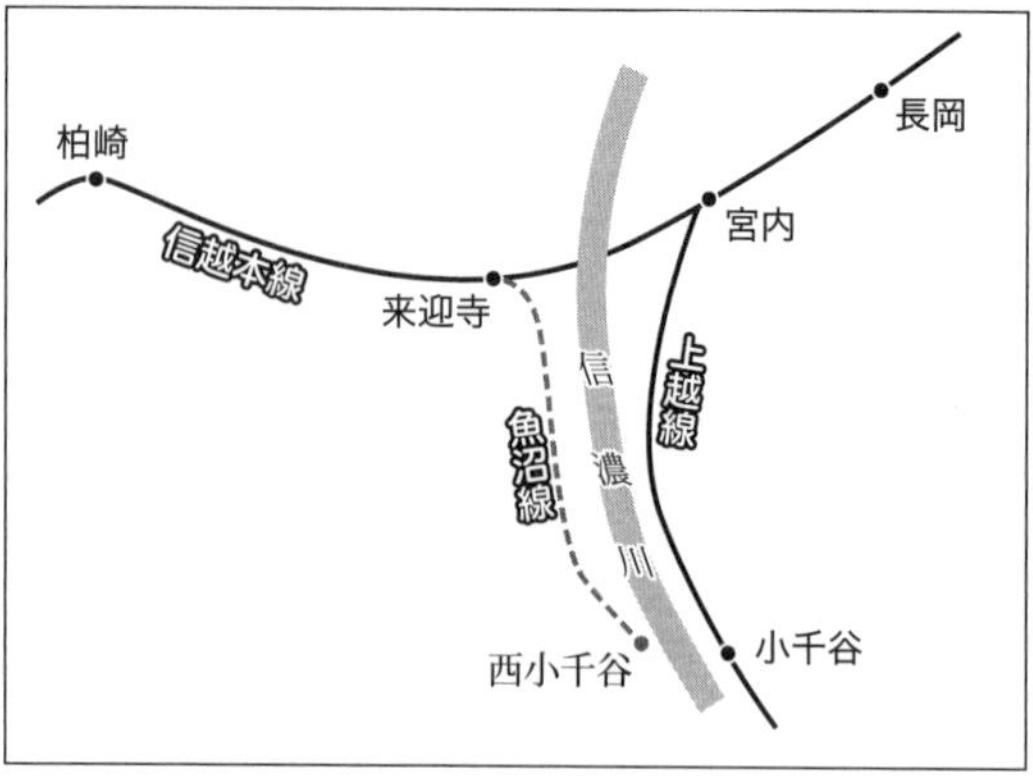

同様の例としては新潟県の国鉄魚沼線の西小千谷駅があげられる。魚沼線は、小千谷地区と北越鉄道（現：信越本線）来迎寺駅を結び、長岡方面への足とするために魚沼鉄道が線路幅の狭い軽便鉄道として開業。だが、信濃川を挟んだ対岸に上越線が開業すると、旅客も貨物もそちらに転移し、一気に経営が苦しくなる。戦時中には「不要不急路線」として線路が撤去され、1954年に国鉄が再び線路を敷いたものの、やはり旅客や貨物の流動方向と一致していないことから利用は少なく、1984年3月末をもって廃止になった。また、先に触れた札沼線新十津川駅も、このケースに近いといえる。

（伊原 薫）

JR西日本 鍛冶屋線

西脇駅

〈兵庫県西脇市〉

利用は多いのに〝数字のマジック〟で廃止

1960年代に赤字経営に陥った国鉄は、やがて赤字路線を廃止する方針に舵を切る。1980（昭和55）年には日本国有鉄道経営再建促進特別措置法、いわゆる国鉄再建法が制定され、これに基づいて廃止対象路線が選定された。その選定方法は、前年度までの利用を数値化し、旅客の輸送密度が基準値未満である路線を対象とするもの（ほかに、第1次選定では営業距離も加味）であった。この際、一つの路線を分割して評価することはしなかったため、たとえ途中駅までの利用が多くても以遠の利用が少なければ、路線全体が廃止対象となる例が相次いだ。

鍛冶屋《かじや》線もその一つである。同線は加古川線や三木線、北条線などとともに播州鉄道が建設。1913（大正2）年に野村から西脇まで、その10年後には鍛冶屋までの全線が開業した。当時まだ谷川方面への路線はなく、加古川〜野村〜鍛冶屋間が本線扱いとなっていた。翌1924（大正13）年に野村〜谷川間が開業すると、谷川で国鉄と接続すること

開業日
1913（大正2）年
8月10日

廃止日
1990（平成2）年
4月1日

もあって加古川〜谷川間が本線的な扱いの加古川線となり、野村〜西脇〜鍛冶屋間は鍛冶屋線とされたものの、西脇エリアの中心地に近い西脇駅は、長らく拠点駅だった。1970年ごろの時刻表を見てみると、加古川〜野村間を走る列車はほぼ全てが鍛冶屋線に直通して西脇まで運行される一方、谷川方面へ向かう列車はわずかで、逆に西脇〜野村〜谷川という経路の列車も設定されるほどであった。いかに西脇駅が地域の拠点だったかがうかがえる（185ページの地図参照）。

だが、この路線名の設定が後に西脇駅の運命を決めることになる。前述の通り、国鉄再建法は廃止の判断が路線全体として行われたため、野村〜西脇間は利用が低調な西脇〜鍛冶屋間も含めて評価されてしまう。地元での存続運動もむなしく、国鉄が分割民営化される直前の1987（昭和62）年2月に廃止対象と決定され、1990（平成2）年に廃線となった。一方で、利用者的には支線だった野村〜谷川間は、電化され現在も存続。もし、野村〜鍛冶屋間が「加古川線」、野村〜谷川間が「谷川線」となっていたら、今も西脇駅は現役だったかもしれない。まさに運命のいたずらである。

（伊原 薫）

西脇駅跡。市の中心部に位置していたのだが…（写真：TRJN CC BY-SA 4.0）

未成線

石見今福駅

〈島根県浜田市〉

二度にわたって幻に終わった未成線の遺構

開業日
未開業
廃止日
未開業

古くから、山陽エリアと山陰エリアを行き来する人や物は多かった。明治時代にはこれらを鉄道で運ぶ「陰陽連絡路線」がいくつも計画され、その多くが実際に建設された。現在は、このうち特急列車が運転されている播但線ルート、智頭急行ルート、伯備線ルートの三つがメインだが、これらはいずれも両エリアの東側にあり、広島県など西側を結ぶ高規格路線はない。

だが、計画がなかったわけではない。別項で紹介した可部線もその一つで、一時期は広島と浜田の頭文字を取った「広浜《こうひん》鉄道」という名だったことからも、その計画がわかる。そして同線の三段峡から先、浜田までのルートとして、二度にわたって建設が進められたのが今福《いまふく》線である。浜田側では1896（明治29）年ごろに陰陽連絡路線の計画が持ち上がり、1922（大正11）年には国の建設予定線に組み入れられた。1933（昭和8）年に石見《いわみ》今福～下府《しもこう》間の建設がスタート。下府川に沿うルートがとられ、途中のトンネルや橋脚は大半が完成したものの、戦時中の資材不足などの影響を受けて工事はストップしてしまう。

戦後、再び今福線の建設が計画される。戦前に建設されたルートは急カーブや急勾配が多く、また下府川の流域はたびたび水害に見舞われたことから、完成していた施設のほとんどを放棄し、石見今福からまっすぐ浜田へ至るルートに変更された。後に、広島県側も可部線とは別に高規格の新線を作る計画に変更され、最終的には広島～浜田間の約90㎞を1時間弱で結ぶという、壮大なものとなった。だが、今度は国鉄の赤字問題が降りかかる。

作られた橋梁やトンネルがいまも残る(写真：伊原 薫)

1970(昭和45)年に再び着工し、一部のトンネルが開通したものの、1980(昭和55)年に工事は中止。今福線計画は再び幻に終わった。

工事の起点となった石見今福駅の予定地は、現在は公民館や農協の建物が建てられ、バスの停留場も設置。敷地内には当時の境界杭が今もあるほか、そこから下府・浜田方面に向かっていくつもの遺構が残っている。ほぼ完成した状態の築堤やトンネルも多く、今にも列車が走ってきそうな雰囲気だ。下府駅構内にある今福線の予定地を含めて、ぜひ訪れたい。

(伊原 薫)

思い出の廃止駅

JR名寄本線中名寄駅(北海道)

1989(平成元)年5月1日廃止。唐突に、駅舎だけが残っている駅がある。たいていは何らかの形で利用されている(いた)もので、内部が現役時代または廃止直後のまま、タイムカプセルのようになっていることも。(編集部)

著者

伊原 薫　（いはら・かおる）

1977年、大阪府生まれ。鉄道ライター、都市交通政策技術者。ゼネコン勤務を経てライターに。鉄道関連雑誌をはじめ情報誌やWEB媒体での執筆、テレビ出演や番組監修、公共交通を活かした街づくりのアドバイスなどを幅広くこなす。著書に『大阪メトロ誕生』(かや書房)、『「技あり！」の京阪電車』(交通新聞社)など。

栗原 景　（くりはら・かげり）

1971年、東京都生まれ。旅と鉄道、韓国を主なテーマとするフォトライター。国鉄時代を直接知る最後の世代で、出版社勤務を経て2001年からフリー。主な著書に『列Q』（実業之日本社）、『東海道新幹線の車窓は、こんなに面白い！』（東洋経済新報社）、『テツ語辞典』（誠文堂新光社／池田邦彦と共著）など。

DTP／Lush!

企画・編集／磯部祥行（実業之日本社）

※本書は書き下ろしオリジナルです。

JIPPI Compact

じっぴコンパクト新書　365

国鉄《こくてつ》・私鉄《してつ》・JR 廃止駅《はいしえき》の不思議《ふしぎ》と謎《なぞ》

2019年6月10日　初版第1刷発行

著　者……………伊原 薫・栗原 景

発行者……………岩野裕一

発行所……………株式会社実業之日本社

〒107-0062　東京都港区南青山5-4-30

CoSTUME NATIONAL Aoyama Complex 2F

電話（編集）03-6809-0452

（販売）03-6809-0495

http://www.j-n.co.jp/

印刷・製本…………大日本印刷株式会社

ISBN978-4-408-33866-8（第一趣味）